通俗本

大易探微

——大易源流概說與先天方圖的數理剖析

金文傑 著

青岛出版社
QINGDAO PUBLISHING HOUSE

自序

《易經》在我國是一本家喻户曉的書，也是一本使人深感撲朔迷離、具有神秘色彩的書。『易』是中華文化的源頭。我國的象形文字（見《説文解字》）就是從『八卦』的象演進的。直到現在，水（氵）、火（火）兩字仍保留了坎（☵）、離（☲）兩卦的『卦形』，祇有横、直的不同，暗示『日月爲易』與『變易』的道理。

千百年來，人們祇管傳誦、祇管按照傳統方法去研究、探索《易經》，却很少有人注意到『大易』發源既然在没有文字記録歷史的草創前期，怎麽能在有象之後去找尋『八卦』的根源！

近數十年來，隨著古文物的大量發掘出土，易學史已上溯到商、周或更古。

考古學興起了，刷新了人們的耳目，也啟發了人們重新思考『八卦』的根源是先有『象』還是先有『數』的問題。

出土文物中與『易』關係最緊切的要算『數字卦』、『河圖、洛書』與『帛書易經』了。特别是『數字卦』與『河圖、洛書』，理應發人深思。

『數字卦』的發現，而且是在殷周遺址發現，是『八卦』源出於數最有力的說明。『河圖、洛書』伴隨『太乙九宫占盤』的出土，是在漢武帝實行『崇儒』政策前二十五年入葬的漢墓中。這既證實了《黄帝内經》的成書年代遠在唐代以前，也是西漢初年『河圖、洛書』尚存的『鐵證』。它的重要意義，至今還没有被人們理解深透。至於『帛書易經』祇有『卦辭』與『爻辭』，如果從《本經》原旨是『用分外内』的角度看，不過是秦漢時代學者之流的『各取所需』罷了。

歷史上我國學術思想發展的黄金時代，在春秋末、戰國初，當時出了不少思想家，孔子不過是其中的一員。孔子『述而不作』，贊『易』即是註『易』。《繫辭傳》溝通無文字的易圖與有文字的《本經》相互間的關係。三篇帶『卦』字的『傳』，除了《說卦·首章》，全是就《本經》『設卦觀象』的『三爻卦』

説的。《文言》祇有乾坤兩卦才有，七九往來、虛實相乘，所以是『六爻卦』，這是『太極理數』的運用。統《圖》、《經》與《翼》爲一完整的易學體系，是孔子整理祖國文化遺産中最突出的貢獻。

孔子在後世的崇高地位，是漢武帝『罷黜百家、獨崇儒術』的結果。兩千多年來，由儒家獨領風騷，講究的是『學而優則仕』的信條。在封建時代，有關『易』的解釋，經學家說了算，由皇帝欽定。誰敢提出有損『孔子權威』的不同見解？宋初陳、邵傳出的『太極、河圖、洛書』是『大易真源』。衛道之士却曲爲之防，把它叫作『易外別傳』，又引發了此後的『千年論戰』，教訓是深刻的。

兩千年過去了。誰還會想到漢武帝當年爲了『崇儒』曾策劃抬高孔子的地位與身價於諸子百家之中。統治者與當時的儒生，上下串通很費了一番心機。結果是從中華文化中的源頭下手了，毀《圖》、亂《經》以凑《翼》。毀《圖》截斷了『八卦』的真源，使後人找不出『立卦』的根據。亂《經》抽走了《本經》的原旨，使凑《翼》以抬高孔子身價的目的達到了。但是，給中華文化發展導

向留下的『偏差』，至今仍然没有修復。

『河圖、洛書』漢初尚存，僅僅相隔二十五年，却突然消失了。漢至宋初，千餘年間無復言『圖』。如果現在『河圖、洛書』的出土，不是在漢武帝『崇儒』前的漢墓中，如果没有《史記·孔子世家》太史公的『曲筆』以印證《論語·述而》孔子『加年以學』的自叙，恐怕後世永遠永遠也無法憑考證、解開這一兩千多年前的『歷史疑團』了。（也可説『人證』『物證』都在。）

故此，由於歷史原因，在我國並没有一本論述『大易理數』的書流傳下來。《大易探微》是可以填補這一空白的。可是我寫本書無章可循，衹是根據高人指點，邊演數、邊述理，演數根據《圖》、《書》，述理參證《經》、《翼》。或有所得，隨手記録。因雙目如盲，記以詩體爲便。先分後合，整理成全，最後，全書衹能是詩文體例了。

一九九九年六月，《大易探微》第二版（增删本）問世後，我曾接觸國内某些易學家，談到孔子『五、十以學易』中的五與十是學易關鍵的兩個數時，他們都表示是第一次聽此解説，這給予我啟示，深感個人肩頭的歷史責任，已不能推卸了。以後又見到《文物》兩篇（前文說過的）『發掘簡報』全文，恍然有悟，決定再寫通俗文本即本書。

本書綜述『大易源流』，剖析『方圖理數』，解釋『河洛一源數圖』。由『一』演數成『卦』，『一』即太極，七九往來，相應時空。力求契合自然規律以正本清源，還大易的本來面目。而圖文對照，『象』後『數』前的道理已在其中了。

當前，人類社會已進入『數字世紀』，『數字卦』、『河圖、洛書』恰於近年出土，這不是偶然的巧合，而是時機的成熟。《圖》、《書》既是古已有之，重申《本經》原旨，則斷《翼》失誤必糾。復興中華文化，是每一個炎黃子孫的共同心願，『往者不可諫，來者猶可追』，國內有識之士，早已有『研究我國傳統文化，要還它的本來面目』的見解了。

所以，本書的問世，是得天時、地利與人和的。宋初『易外別傳』的故事決不會重演了！

宣陽子金文傑謹識

二〇〇一年四月廿三日

目録

一　『大易』源流概說 …………………………一
二　《河洛一源圖》說明了些甚麼？ …………一七
三　《先天方圖》的『數理』剖析 ……………二八
四　由『崇儒』引發的毀《圖》與斷《翼》內幕可以揭開了嗎？ …九四
五　少了兩個『瓜子點』引起的思考——『五、十以學易』與『幽贊於神、明而生蓍』 ……………一〇六
六　人類已進入『數字世紀』，到了還『八卦』本來面目的時候了 …一一四
七　『太極理數』與『生生之謂易』 …………一二三
八　『闔闢乾坤數息圖』是打開『易學之門』的金鑰匙 ………一三〇

附錄……一四一

一　重讀陳希夷《易龍圖序》詠解七言九首……一四一

二　《大易探微》之反思——易之所指者數，人之所貴者明……一四八

三　七、九『數理』內則七律十二首……一五四

後記……一六一

跋一　父親與《大易探微》……一六五

跋二　我欲鳴琴頌流水……一七一

一　『大易』源流概說

（一）

我國傳統文化中的『五經』（《詩》、《書》、《易》、《禮記》、《春秋》。）除了《易經》以外，經過兩千年來歷代儒家的整理、註疏，並沒有出現多大的不同意見。唯獨《易經》，發揮『義理』的代不乏人，著述在三千種以上，祇是众說紛紜，莫衷一是。直到現代，國內研究的人不算少了，許多外國人也加入了這個行列。『國際易經研討會』開過了十幾次，發表的有關易學的專著與論文，更是無法計算，然而，也祇是各抒其見而已。其中究有多少涉及大易本源，誰也無法評說。

同是傳統文化，《易經》爲甚麽會是這樣？原因何在？這應當從『大易』的源流説起。

〔二〕

易是中華文化之源，更是『六經』（《樂經》失傳）之源。中華文化的各個領域，都與『易』有千絲萬縷的聯系。我們知道，世界上任何事物都是向前發展的，從無到有，由簡至繁，易也不例外。因此，伏羲『始作八卦』，對於無文字的易圖決不可以擱置不問。後世流傳不歇的是有文字的《本經》和《十翼》。易圖、《本經》與《十翼》三者統一，才構成完整的『易學體系』。

〔三〕

現在的《易經》書本，大多以宋朝人朱熹的《周易本義》爲準。因本書既將河、

洛等九圖置於篇首，對《經》、《翼》也有考訂，故應是歷史上流傳下來較爲完整的本子。《大易探微》引易釋易完全根據本書《經》、《翼》之文，『大易』源流概説及以後各篇也不例外。

〔四〕

相傳伏羲『始作八卦』在太古之先，那時還没有文字，而人類的歷史要有文字記載。我國的文字是象形文字，它是由『先天八卦』象徵自然界天、地、日、月引伸出來的。直到現在，我們還可以從水、火兩個字看到坎（☵）、離（☲）兩卦的原形。兩者之間祇有横、直的不同。

《説文》：

水字作 水 準也，北方之行。象衆水並流中有微陽之氣也。

火字作 火 燬也，南方之行。炎而上，象形。

『坎離水火中天過』。坎爲月。離爲日，日月中天，這是『日月爲易』的

又一解釋。

〔五〕

文字由象形拓展到指事、會意、形聲、轉注、假借稱爲『六書』，經過了漫長的歲月。傳說黃帝命倉頡造字，去伏羲之世大概在千年以上。隨著時間的推移，文字逐步完善。到了周文王被商紂王囚禁於羑里時，因伏羲畫卦有卦無辭，文王因寓天人性命，萬物生化的道理於卦、爻的象數動變之中，始繫辭於卦、爻之下，前後經歷了七年時間。文王作《本經》的卦、彖、爻辭。以後又由他的兒子周公補充了象辭。《本經》是有文字之易，因爲是周文王父子完成的，所以又叫作《周易》。

〔六〕

《本經》六十四卦的每一個卦，都是按卦辭、彖辭、爻辭與象辭依次編排。各卦又分爲六，爻象之辭，從初至上。其中乾、坤兩卦由於後來增入了孔子的《文言》，顯得與众卦有所不同。

應當在《周易本義》的基礎上調整乾、坤兩卦的編排，使六十四卦保持一致。

要搞清楚《本經》究竟是一本甚麼樣的書，是如儒家歷來所說：文、周祇作卦、爻之辭，是講占卦卜筮的，經過孔子贊易（十翼），才使它成爲講天人性命之學的嗎？這是兩千年來争論不休難以解決的問題的『癥結』所在。

〔七〕

我們不妨先對《本經》的卦、象、爻、象之辭進行一番剖析，再看孔子又是怎樣説的。

《卦辭》：『合十』以卜叫作『卦』，二土成圭、土數爲五，『圭』有『合十』的意思。《卦辭》非常簡單，最少的祇有兩個字（大有與大壯），字數最多的《坤》卦也祇有二十九個字。六十四卦的卦辭在十五字以下的佔絕大多數，共計五十四卦。二十字以上的祇有坤、蒙、復、井、小過五卦。

《卦辭》字數並不在乎多少，主要表述『元、亨、利、貞』四德。孔子輔『易』之作《文言》中補充《乾象》説：『元者、善之長也；亨者、嘉之會也；利者、義之和也；貞者、事之幹也。……君子行此四德者，故曰乾元亨利貞。』乾卦卦辭祇有四個字。孔子爲甚麼要解釋這四個字？《卦辭》應當是一個卦的主辭。六十四卦中，乾是統帥，『元亨利貞』要貫串到全部六十四卦《卦辭》中去。

《爻辭》：炁行爲爻。爻字有『上、下交』之象。三百八十四爻的《爻辭》字數也不多，最少的兩字。《睽・上九》二十七字，字數算最多的了。二十個字以上的還有屯・六二（二十一字）、復・上六（二十五字）、明夷・初九（二十二字）、震・上六（二十二字）及巽・九五（二十字）等五爻。

從以上剖析可見六十四卦的《卦辭》這麼少，三百八十四爻的《爻辭》也不多，如果《本經》中抽去了彖辭與象辭，祇剩下卦辭與爻辭，會是一本甚麼樣的書？是像占卜的了！但是，用得着文王花費七年的時間去演易繫辭嗎？

《繫辭傳》：『古者包犧氏（即伏羲氏）之王天下也……於是始作八卦，以通神明之德，以類萬物之情。』後面兩句，已爲文王繫辭於卦、爻之下埋下伏筆了。

卜『以通神明之德』要有『數』，這就爲《說卦傳》首章『幽贊於神，明而生蓍，參天兩地而倚數』做了註脚。『以類萬物之情』唯有『象』，這就與我國的象形文字密切相關了。我國文字的結構出於『六書』，見字可以分類；觸類可以旁通，望文可以生義，『是故易者、象也。象也者、像也』。

『聖人設卦觀象』，『立象以盡意』。邵康節在他的《皇極經世書》中說得好：『易有意象，立意皆所以明象。統下三者，有言象，不擬物而直言以明事；有像象，擬一物以明意；有數象，「七日」、「八月」、「三年」、「十年」之類是也。』所以，中華文化之源的《易經》，不能變易其中的字形，否則，就會使它的象意不能表達且無人能懂，那就真的成爲一本『天書』了。

〔八〕

每一個卦的《卦辭》與『六爻之辭』的字數都不多，所以，《彖辭》是《卦辭》的發揮；《象辭》是《爻辭》的發揮；同樣，孔子的《文言》是對易首乾、坤兩卦的發揮。

六十四卦的《彖辭》中都有剛、柔或剛柔的字樣出現，這與『元亨利貞』一樣是貫通全書的。所以說：『剛柔者，立本者也。』剛柔兩個字，迷惘了古今多少聰明才智之士。

在『易理』中，『剛柔』是用兩兩之數表示的，祇有數才可以『相推而生變化。』（參閱《大易探微》中的《炁形圖》）《彖辭》發揮『卦理』，剛柔是它的靈魂。

〔九〕

孔子贊易祇是五篇，各有其義，各有側重，即《繫辭傳》、《說卦傳》、《序卦傳》、《雜卦傳》與《文言》五篇。這五篇可以分爲三個類型：

第一，**《繫辭傳》**通論《本經》與易圖之間的大體凡例。劃分爲上、下兩傳是有深意的，要能區分『卦炁』與『卦象』。

我們可以從上傳『易與天地準，故能彌綸天地之道……故神無方而易無體。』認定這主要說的天地炁運，也就是『卦炁』。而從下傳『古者包犧氏之王天下也……上古結繩而治，後世聖人易之以書契，百官以治，萬民以察，蓋取諸夬。』『制器尚象』十三卦，認定這是說的『卦象』。所以，上傳與下傳有不同的側重點。細讀兩傳首章可知，尤以下傳首章最爲明顯。後面將有專章對其進行論述。

第二，**《説卦傳》**、**《序卦傳》**與**《雜卦傳》**三『傳』都帶一個『卦』字，可以歸屬一個類型。其中《説卦傳》首、次兩章兼『卦炁』與『卦象』説，以後各章主要説的『卦象』。要義在解釋『乾坤生六子』的第十章。

『卦象』統歸太極的『一』而萬象包羅。『卦炁』則爲天地炁運的循環不息，也就是現代人所説的『時空連續』。『炁運』即是『數運』。自然之數自一至十、十個數字的由來，即在於『易有太極』。

八卦之數一、二、三、四、六、七、八、九，用七代表時間，包括二、三、八，《洛書》象之；用九代表空間，包括一、四、六，《河圖》象之。所以，太極、河、洛之數組成一個整體。用七、九與一表示爲時、空與物的連鎖反應，這才是易學的真趣，八卦的源頭。

因此，《序卦傳》與《雜卦傳》却是專就『卦象』説的。

《序卦傳》提一『物』字總攬全盤。『有天地，然後萬物生焉。盈天地之間者唯萬物，故受之以屯。屯者，盈也。屯者，物之始生也。……物不可窮也，故受之以未濟，終焉。』（以上文句合《序卦傳》上、下篇看。）

這裏表明了『物之始生』，『以未濟終』。所以《乾彖》開篇寫道：『大哉乾元，萬物資始，乃統天。……大明終始，六位時成，時乘六龍以御天。』再看《坤・用六》説：『利永貞。象曰：用六永貞，以大終也。』以上文句内的三個『大』字，要聯系起來思考。

『大』是人之得『一』。老子説：『天得一以清，地得一以寧，……萬物得一以生。』這是天、地、人三個『一』的由來。

前文説過：諸卦的《彖辭》是以『剛柔』爲靈魂的。所以『乾剛坤柔』兩卦之後的《屯彖》説。『屯，剛柔始交而難生。』而《未濟彖》説、『未濟、亨。柔得中也。……雖不當位，剛柔應也。』這説明『剛柔』貫串六十四卦整個《彖辭》中。

現在要説到《雜卦傳》了。這個『雜』字也是迷惘了古今不少人的。其實，《繫辭傳》已給後人指出了方向，衹是，人們忽略了滙通孔子的《十翼》。例如：『其

稱名也雜而不越。……於稽其類，其衰世之意邪！』與『若夫雜物撰德，辨是與非，則非其中爻不備。』學者可以參悟。

《雜卦傳》要與《序卦傳》對照來看。《序卦傳》既有『序』，《雜卦傳》也不『雜』。《雜卦傳》最後自『大過、顛也。姤、遇也，柔遇剛也。……未濟、男之窮也。夬，決也，剛決柔也。君子道長，小人道憂也。』這一組八卦，兩兩相應。對照『序』、『雜』兩傳，是探索『卦理』、『數理』的關鍵。

第三，《**文言**》《文言》衹乾坤兩卦才有。孔子在《繫辭傳》與《說卦傳》就乾、坤兩卦立言，都是說的『三爻卦』。『三爻成象』嘛！所以說：『成象之謂乾，效法之謂坤。』『乾知大始，坤作成物。』『乾坤其易之緼邪！乾坤成列，而易立乎其中矣。』在這些文句中的乾坤，都是『三爻卦』，與《文言》乾坤兩卦的通論，六爻是有區別的。

〔十〕

《繫辭下傳》第一章開篇，『八卦成列，象在其中矣。』也是説的『三爻卦』，重在一個『象』字。下文才是説的六爻卦：『因而重之，爻在其中矣。剛柔相推，變在其中矣。繫辭焉而命之，動在其中矣。……天下之動，貞夫一者也。』六爻之卦，着重在『爻』、『變』、『動』、『貞夫一』等字眼，然後才有『爻也者，效此者也。象也者，像此者也。（注意「效」、「像」，這也是字眼。）爻象動乎內，吉凶見乎外，功業見乎變，聖人之情見乎辭。』這裏的『聖人』孔子決不會『自稱吧！』此處，還需要回味《繫辭上傳》第一章最後兩句『天下之理得，而成位乎其中矣。』這裏面前後的幾個『其中』大有文章，很值得品味。

『三爻卦』以乾、坤相交而生六子，父統三男，母統三女。數據却是『因而重之』，陰陽互入。六爻通成陰陽之變，非乾即坤，所以『六爻發揮，旁通

情也。』這就是孔子《文言》祇乾、坤兩卦才有，並且特重乾卦六爻的緣故。『時乘六龍以御天』承『大明終始，六位時成』來，以龍的變化比喻爻的變化，爻位之義不可以不深究。

〔十一〕

從無文字的易圖發展到有文字的《本經》，中間經過了三千幾百年；從文、周到孔子贊易，貫串《圖》、《經》，又經過了五、六百年，贊易實即註易。到了孔子晚年，易學體系才算完成。因此，『書經四聖，世歷三古』的說法是可信的。但四聖之間，除了文王、周公是父子關係，授受可以直接相承。然而，在此以前相去幾千年的伏羲與在此以後相去數百年的孔子，又該是怎樣的呢？

正如孔子《繫辭上傳》第八章所說『聖人有以見天下之賾，而擬諸其形容，象其物宜，是故謂之象。聖人有以見天下之動，而觀其會通，以行其典禮，繫辭焉以斷其吉凶，是故謂之爻。』這一節文句，出現兩個『有以見』。『有以見』者，有以見數也。『數』始於『一』。是即太極。《河圖》、《洛書》，一體一用，合成『三個一』。太極、河、洛三圖是《繫辭傳》有明文記載的。

〔十二〕

易圖是沒有文字的，祇有『數』、『象』，而『數』的體用，開創時也祇能用『點』與『色』來表示。商、周古文物中出現『數字卦』並不奇怪，這已經比『點』進了一大步了。

八卦的表述遠古是『數』，然後是『象』。天、地、日、月在地球上還沒有人類以前就已存在，所以叫『先天四象』。至於乾、坤、坎、離，已屬後天。八卦的『立象』，因時、因地、因人、因事物而有不同。宏觀大千世界，運動是永恒的，平衡祇是瞬暫。能够懂得這個道理，可以探求易學的真諦了。

現在回到篇首提出的問題，兩千年來，易學發展的『如是觀』，原因何在，就在於迷失了大易的『本源』。

易圖純粹用『數』表示的祇有太極、河、洛三圖。並且太極的『一』不顯，河、洛以『黑白點』、『紫白色』表示。河洛體用的『致一』要通過太極體『一』才能實現。所以孔子說：『加我數年，五、十以學易，可以無大過矣。』這是權威的結論。

易用八數，五、十樞機，掌握在人。不懂五與十、永遠也走不出八卦的『迷津』，這已經是歷史的教訓了。

二 《河洛一源圖》説明了些甚麼？

（一）

《河圖》、《洛書》是我國數算的源頭，也是八卦的源頭。『太極圖』是包羅萬象的。《圖》、《書》體用祇有通過《太極》，五主中樞，『合十』爲用，天地數全，才是『五位相得，而各有合。……此所以成變化而行鬼神也。』

《太極圖》包羅萬象，十數俱全，但却是由『一』個『太極球』剖析得來。三圓才能成體。三圓也就是『三個一』，也可以説成『三個五』。『一』與『五』的區別，祇是表示圓周和圓心的不同，但却有動與静的含義。

世傳《太極圖》是不全面的，反復才能成全。因此，『三個一』可以從反、

復兩大圓的重疊及中間兩小圓周長之和等於大圓的周長，得到啟發。兩小圓的動變，其間大有文章。

集中了太極、河、洛三個『數圖』爲一體的《河洛一源圖》，用七、九與一表示時、空與物的統一。七表示時間，九表示空間，萬物之生用一表示。這是大炁充塞天地之間，『以言乎遠，則不禦，以言乎邇，則静而正』的寫照。『一』『止』才是『静而正』。這是『聖人設卦觀象』，『立象以盡意』的根本。前章引述邵康節所説的『立象原則』可供參考。

用數代點的《河洛一源圖》很是簡單，數列三層，象徵立體。内、外兩層爲生成之數，中層《洛書》九數爲入用之數。請看河洛體用的統一，不正是通過五與十嗎！『十』就是『一』多了個零，『一』的位置向前推移了一步而已，所以，用『五』主中樞爲體，才能够『合十』爲用，五、十是由人掌握的。没有太極體『一』以『立象』，憑甚麼掌握其間的動變呢。

〔二〕

爲了使《河洛一源圖》更具想象力，可以利用實物剖析而形象化以幫助思考。

取一個圓整些的蘋菓，菓柄朝上擺正以象徵一個『太極球』。先需『定位』背北面南。然後按上下、左右與前後通過球心十字穿心以分『圓球體』爲相等的八瓣象徵『八卦』。通過球心的三條直徑，皆分球體爲兩半球。三條直徑即是六個半徑象徵六爻；交於球表的六個點象徵六位，滙集球心象徵『三位一體』而有前三、後三之別。

上下兩半球，上爲正面，下爲反面。正面按《河圖》生數，北一、南二、東三、西四排定『數位』，球心爲五。那麼，通過球心與生數一、二、三、四相對『合十』的必然是九、八、七、六，是爲成數，這就是自然數自一至十，十個數源於『易有太極』之體『一』。所以，『一』個『太極球』的剖析是『一』『止』本『正』。

『本』字必有解釋：天三生木，春天到來，萬物欣欣向榮。所以，《大學》首章說『物有本末，事有終始，知所先後，則近道矣。』注意『一』在『本』『末』兩字的上下。

《河圖》、《洛書》，比較兩圖，其間一、三、五這三個數的位置沒有變動。但是，兩圖『點』的『顏色』是有變化的，這其中蘊藏著很深的哲理。『一』爲先天之本，『三』是後天之用，『五』掌陰陽而生造化。

五主中黃，相對合十而九一爲極。則一、二、三、四依次加五，得六、七、八、九之數，反之，九、八、七、六依次減五，得四、三、二、一之數。加減象徵進退。所以，《繫辭傳》說：『變化者，進退之象也。』

通過五與十的運用，十個數全在掌握之中，也就是『八卦』全在掌握之中。這就是《論語·述而》中『子曰：加我數年，五、十以學易，可以無大過矣。』這一權威結論的由來。

《論語》是孔子的學生們記述其言行的書，從來也沒有人懷疑到這是僞托的。祗是因爲理解不透，要爲之『曲解』罷了。

五與十是學易關鍵的兩個數，但這是說的『卦理』與『數理』。先秦時期，多家傳易，文字也不統一，各種說教都有，傳說秦始皇焚書，《易經》是作爲『卜筮之書』被保留下來的，這就給後人留下了『先入之見』。到了漢武帝確定『罷黜百家，獨崇儒術』的政策時，正好利用。此後的儒家傳易，後來也没有人想到這裏面有甚麽問題了。

〔三〕

正反兩半球，正面生數爲可見數，所以叫『明』。反面成數不可見，所以叫『幽』。『幽』雖不可見，但可根據『五、十』的『數理』從『明』數推得，這就是『幽明互理』。

『幽贊於神、明而生蓍』的『神』字，要與《繫辭上傳》中的『神無方而易無體』聯系起來想。『神』是指不可見的『卦炁』。『明而生蓍』要與『是故蓍之德圓而神，卦之德方以知，六爻之義易以貢』聯系起來想，揲蓍之數是『明』擺著的。筮法：五十以揲蓍，是根據『自然理數』安排的，每一步驟，都有象徵意義。取五十莖蓍草符合『大衍之數』，多了少了都不可以。衍是『水』在『行』中而『天一生水』，這裏面蘊藏著哲理，『圓神方知』，才能使『六爻之義易以貢』，這才是通理『卦象』與『卦炁』，也就是『一統方圓』了。

〔四〕

從西南角通過球心向東北角，十字穿心可分球體爲四等分。再看每一等分的正、反兩面，則正面爲一的，反面爲八；同樣，正面爲二的，反面爲九，三反面爲六；四反面爲七。一八、二九、三六、四七，兩個數合起來，『數理』都叫『復』。由此再聯通『數序』：一八七四，二九六三，都是『七九往來』爲時空的連續。時空連續，無時或息，爲永恒的真理。

而『萬物得一以生』之『一』以象徵太極。《太極圖》萬象包羅，是『立象』的根本。通讀『正本』決不能忘了《太極圖》。

『萬物得一以生』，『與時偕行』而又『與時偕極』，這就是七九往來，時空相續，萬物則生息繁衍於其中的道理，也是文王作易的本意。『將以順性命之理』滲入了『現代語言』。

〔五〕

微觀太極，祇是自無而有的一『點』，所以説『無極而太極』。『點』延伸爲『綫』，『綫』一合以成『圓』，『圓』動而成『體』。『太極圖』並不是平面的。

『圓動因成體，三分八瓣開』，八瓣象徵八卦。『三三尋數跡，一一見原來』，八瓣都是相等的。每一瓣，『球弧』一個數主表，『切面』三個數主裏，表裏是有區别的。『三三法則』由奇、偶之數『串聯』得來。『兩奇之間必爲偶，兩偶之間必爲奇』這是人們的常識。『陰陽法則』就是奇偶數的運用。（參考《大易探微》附録：《百句章·大易理數撮要》）

『弧徑飛花出，璇機御炁迴』，『太極球』通過球心的六條半徑與體表有六個交點，可以象徵六爻與六位。五主中樞，是爲璇璣，六出飛花，相對『合十』。所以是『三圓三個一，卦理此中推』。

朱熹的《周易本義》篇首收入河、洛等易圖，在歷史上是有功的。但缺少了太極圖這個集道、象、理、數爲一體的『總圖』。没有了它，《河圖》、《洛書》也難找到『數理』的源頭。要爲《大易》『正本清源』，《太極圖》完全有必要填補在易圖之首。

〔六〕

《河洛一源圖》通過對實物（蘋菓，想象它是整圖的，以便思維。）的剖析，能够很容易找到『八義』與『八序』的『數源』。

太極的『一』『圓動成體，三分八瓣』的每一瓣象徵一個卦。『球弧』與『切面』共有四個數，計四八三十二個數，『八序』與『八義』俱在其中。

通過球心的三條直徑，一條分球體爲上、下兩半球，前文説『數理』都叫『復』，『復其見天地之心乎！』『地逢雷復』正『一陽初動』之時，『一陽初動處，萬物未生時』的詩句可以參證。

左右與前後是取兩條對角綫的，同一『切面』相鄰的兩個數，『數理』却有『炁』與『順』之分，『將以順性命之理。』『順』即取義於此。

〔七〕

『數』本身並無意義，要由人寓意於數才有意義，才有作用，伏羲『始作八卦』，是通過『仰則觀象於天，俯則觀法於地，觀鳥獸之文與地之宜，近取諸身，遠取諸物』然後采用了『方以類聚，物以群分』的方法，類歸於『八卦之象』以契合天地炁運的，這是時、空與物的統一，寓意特別不同。所以説，『寓意於數，始自大易。故易之所指者爲數，而人之所貴者在明。此學易者不可不知也。』（見《大易探微》版序言）

〔八〕

『八序』是由『三分球體』以得四八三十二個數排出的。上、下兩半球：上爲『地序』一二三四，下爲『天序』九八七六。此所謂『天地定位』，顛倒以見『往來』。

左右與前後十字穿心而爲『方圓之序』與『離坎之序』。『方序』七四一八，『圓序』九二三六。『離序』三八一六，『坎序』二七四九。

以上『數序』都在『切面』間找尋。因此體表的自然是『乾序』九八三四與『坤序』一二七六了。

四八三十二個數排成『八序』，一個數也不多，一個數也不少。這是從『以言乎邇，則靜而正』得來的，所以『一』個『太極球』的『整體』觀念決不可以忽視。

『靜而正』，看來容易『得理』，活動起來就會是『陰陽不測』了，所以『易簡而天下之理得矣』是可以信守不誣的。

《河洛一源圖》說明了些甚麽，發掘愈深，獲益愈廣，再再思量，是在學者。

三 《先天方圖》的『數理』剖析

（一）

《大易探微》中有一篇《分宮卦象次序之啟示》。寫本文時，我並不知道『分宮卦象』的出處，因《周易本義》既有記載，當有所本，所以用來剖析『數理』。後來發現它與《先天六十四卦方圖》有密切的關係；進而又發現它與孔子贊易五篇中三篇帶『卦』字的『傳』有關，這就是《說卦傳》、《序卦傳》與《雜卦傳》。可以說：它們相互之間是通同一氣的。對照與印證，最能說明『卦理』與『數理』之間的關係。

如果將『分宮卦象次序』每宮八卦對應《先天六十四卦方圖》的相應『卦

位』，可以發現兩者之間的關係，表現在『兩兩三三』之數的組合，這就是《繫辭上傳》中所說的『參伍以變，錯綜其數』。兩兩之數的『組合』用『八義』區別。乾、兑、離、震、巽、坎、艮、坤分領八宮，對應《先天方圖》『卦位』，『起跑』在同一條對角綫上，而按同、復、順、巽、反、逆、炁，形的次序行進。『乾坤六子』相會於另一條對角綫上。《先天方圖》以『三三法則』駕御全盤。

自六爻卦看，『分宮卦象次序』各宮皆從主卦起首，循位遞變，主卦『立不易方』，兩兩數組合之義爲『同』。從初爻到五爻爲『爻變』，陽爻變陰，陰爻變陽；後面兩卦爲『卦變』，要看上、下卦。最後一卦的下卦還歸主卦，所以這最後兩卦又叫『游魂』、『歸魂』。

統觀《先天六十四卦方圖》，『乾坤六子』同在一條對角綫上，這是『先天八卦次序』乾一、兑二、離三、震四、巽五、坎六、艮七、坤八的由來。

孟子說：『不依規矩，不能成方圓。』『方圓』的『三三法則』祇有通過『數理』剖析才能見到。

邵康節說：『圖雖無文，吾終日言而未嘗離乎是，蓋天地萬物之理，盡在其中矣！』這是說的『數圖』，不是『數』，如何寓意與變通。

〔二〕

《先天六十四卦方圖》的『數理』剖析，要從『伏羲八卦次序』及『伏羲六十四卦次序』開始說起。兩個『次序橫圖』載於《周易本義》篇首。

『伏羲八卦次序』橫圖是根據《繫辭傳》『易有太極，是生兩儀，兩儀生四象，四象生八卦』的『生生之義』畫出來的。不在於『卦名』而在於『卦象』，因爲伏羲『始作八卦』時還没有文字。

『伏羲六十四卦次序』橫圖是前圖縱、橫兩個方向的拓展，不失『生生之義』。

如果將『伏羲六十四卦次序』橫圖自右至左按八個卦一組分成八組，八組依次重疊起來就成爲《先天六十四卦方圖》了。

所以，以上三圖是彼此相聯的。『伏羲六十四卦次序』是『伏羲八卦次序』的『橫向』延伸；《先天六十四卦方圖》是『伏羲六十四卦次序』的『縱向』重疊；而『伏羲八卦次序』『因而重之』，它的『重卦』恰好落在《先天六十四卦方圖》的一條對角綫上，這決不能是偶然的巧合。

〔三〕

八卦的『數』、『象』決不可以混淆。『數』主『卦炁』，『象』主『卦形（象）』。文王繫辭於卦、爻之下，始正《本經》諸卦之名。所以三代的連山、歸藏與周易以及其後的『八陣圖』休、生、傷、杜、景、死、驚、開八門，還有《皇極經世書》的稱名就更多了。同是一個『卦象』而有不同的稱名是不足爲奇的，『其稱名也雜而不越。』總的説來，『卦形』並没有改變。因此，一個卦叫甚麼名字並不重要，而是賦予它甚麼『内涵』要符合『數理』，要符合自然規律。『其稱名也雜而不越』，這就是文王繫辭總的規律。六十四卦的卦名。

都有一定的内涵，不可不察。

〔四〕

『分宮卦象次序』的各宮，從主卦的初爻『遞變』到『游歸』，『卦屬五行』統歸主卦。

各宮『八義』俱全。在《先天方圖》中，『三三位』的組合則以同、形、異、炁、復、順、反、逆爲準。而『同』、『異』之義，恰在《先天方圖》的兩條對角綫上。十字穿心分《方圖》爲四小方，『反』、『復』之義則分別在東南與西北、西南與東北的兩小方的兩條『平行』對角綫上。同時，還可以從外圍縱、横各八卦看到都是『八義』俱全的，而按同、逆、形、反、復、炁、順、異爲序。這與『分宮卦象次序』在《先天方圖》的『三三位』守則並不相悖。

《先天方圖》上下或左右對折，一同一異，而兩條對角綫上的『六爻卦』，『同』『異』分明，這確是一種『巧合』，但決不是無因由的。

從時、空連續，對待往來的觀點看，《先天方圖》的兩條對角綫十分重要，它的運用應當是各佔一半。

從這裏，可以敲開大易『數理』之門。

〔五〕

無文字的易圖始自『易有太極』的『一』，而終於『一統方、圓』。易圖沒有文字，但有『數』有『象』。數始於『一』，三爻才能成『象』。成『象』既爲三爻，『數』據也要相應，所以是『數中有數』。『數、數』之間的關係是連綿不斷的，所以是『生生之謂易。』老子說：『道生一，一生二，二生三，三生萬物。』此中就有三才的道理，也是三爻成象的道理。

《先天六十四卦方、圓圖》象徵時、空的統一，方主靜、圓主動；也象徵天地的炁運循環，有『一』定的自然規律。

三才之道，天地炁運循環，『物』不可缺。所以《序卦傳》開篇：『有天

地然後萬物生焉。盈天地之間者唯萬物，故受之以屯。』《序卦傳》終篇『物不可窮也，故受之以未濟終焉。』綜觀全傳，提一『物』字。貫串始終，這才是《序卦傳》命意所在。

《序卦傳》既有『序』，《雜卦傳》當然也不『雜』了。兩傳可分別按序以八個卦爲一組分成八組，相互對照，比較各組之間的異同。

『序』，『雜』兩個《卦傳》開始一組相同的『卦』爲乾、坤、屯、蒙、師、比六卦，相異的《序》爲需與訟，《雜》爲臨與觀。最後一組相同的爲既濟與未濟兩卦，相異的《序》爲巽、兑、渙、節、中孚、小過共六卦、《雜》爲大過、姤、漸、頤、歸妹、夬，也是六卦。

《雜卦傳》最後一組兩兩之卦不是『相綜』的，兩傳中也衹是這一組。所有諸卦都在《先天方圖》中，《序》、《雜》兩傳八八分組衹是『卦間』的『組合』不同，但可以由此窺見它的内部結構與動變。

大過、漸、頤、歸妹四卦的上、下卦『卦數』可以交叉聯係起來看，根據四卦在《先天方圖》的位置深入探索，可以增長知識。既、未爲水火之交，夬、

姤則剛柔遇決，此中的『數理』與『卦理』是耐人尋味的。

〔六〕

乾、坤、坎、離四卦，象徵天、地、日、月，叫作先天四象。三爻的卦，乾離一體，坤坎一體，反復不變它的『卦形』，衹是中爻陰陽相易。所以《繫辭傳》說：『易有四象，所以示也。繫辭焉，所以告也，定之以吉凶，所以斷也。』

七九往來，時空相續；『一』『止』且『正』，『立象』追踪，衹在《先天方圖》之內。所以是『方圖象地道生物』。

邵康節的《皇極經世書》元會運世說的是『圓圖象天道運行』。六十四卦相重爲三百八十四爻，而以乾、坤、坎、離四卦的四六二十四爻象徵二十四氣；其餘六十卦六六三百六十爻象征炁運周天。

邵康節說：『裁方而爲圓，天所以運行；分大而爲小，地所以生化；故天用六變，地用四變也。』四變當在『二五中爻爲互卦』之間找尋。《繫辭傳》『易

之爲書也』三章中有一段話說：『若夫雜物撰德，辨是與非，則非其中爻不備。』可作參考。

〔七〕

孔子贊易五篇，其中有三篇帶『卦』字的『傳』，前面已經剖析了『序』、『雜』兩『傳』，還有一篇《說卦傳》，它的前兩章是兼『卦炁』與『卦象』說的，以後的各章及『序』、『雜』兩『傳』，主要是就『卦象』立言的了，所以都用『卦名』。

三傳以『說卦』爲主，『乾坤六子』探討人事。但是，談天道與論人事，並不能截然分開。就像『卦炁』與『卦象』一樣，萬物生息蕃衍，形與炁是不可能分開的。

〔八〕

現在回到本文首節。『分宮卦象次序』的各宮分領八卦，對應《先天方圖》的『卦位』，兩者是完全『一致』的。而《先天方圖》由『伏羲八卦次序』延伸，重疊得來，所有易圖確是『一以貫之的了。』

但是，兩千年來的儒家，却很少有人看到這個簡易的事實。爲了加深理解，假定以《先天方圖》作爲『太極』，『七九時空』象徵兩儀；『分宮卦象』即是八卦。然後按『八義』、『八序』、『乾坤六子』等等分別列出相應的『方圖』，根據不同情況，由此劃分爲四大『組合』。各組之下再作區分，共計十二『類型』凡五十一個圖。

分別列示於後，以便參悟。

壹　『先天方圖』的由來：

一　伏羲八卦次序

二　伏羲六十四卦次序

三　先天六十四卦方圖

右第一、第二兩圖根據《周易本義》篇首所載，照原樣編排，祇是各卦均加上『河洛之數』。『八卦成列』的縱、横『延伸』、『重叠』，就成爲第三圖了。注意《先天方圖》是『以數代象』。（所有方圖皆如是。）所以三圖是『一致』的。從太極的『一』衍來，祇分『區段』而『生生不息』。所以孔子説：『吾道一以貫之』。

一 伏羲八卦次序

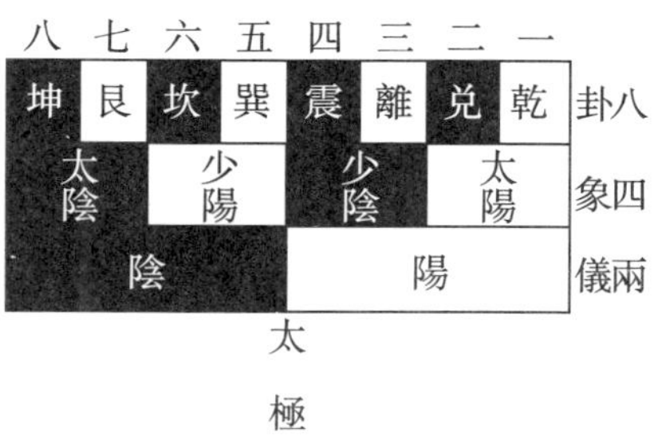

二 伏羲六十四卦次序

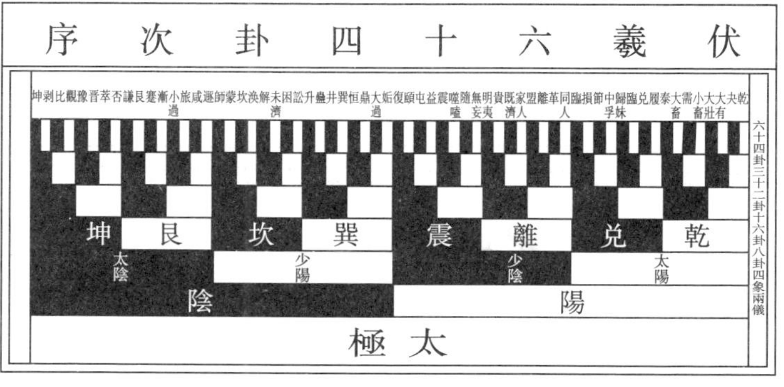

三

先天六十四卦方圖

坤 一一	剝 六一	比 七一	觀 二一	豫 八一	晉 三一	萃 四一	否 九一
謙 一六	艮 六六	蹇 七六	漸 二六	小過 八六	旅 三六	咸 四六	遯 九六
師 一七	蒙 六七	坎 七七	渙 二七	解 八七	未濟 三七	困 四七	訟 九七
升 一二	蠱 六二	井 七二	巽 二二	恒 八二	鼎 三二	大過 四二	姤 九二
復 一八	頤 六八	屯 七八	益 二八	震 八八	噬嗑 三八	隨 四八	无妄 九八
明夷 一三	賁 六三	既濟 七三	家人 二三	豐 八三	離 三三	革 四三	同人 九三
臨 一四	損 六四	節 七四	中孚 二四	歸妹 八四	睽 三四	兌 四四	履 九四
泰 一九	大畜 六九	需 七九	小畜 二九	大壯 八九	大有 三九	夬 四九	乾 九九

（以「洛書」數代卦）按此即八卦卦序之由來

貳　太極生兩儀，兩儀生四象，四象生八卦，生生不息。

四　分宮卦象次序（凡八圖）

五　陰陽太少（凡四圖）

六　七九時空（凡二圖）

『分宮卦象次序』的各宮，乾、兌、離、震、巽、坎、艮、坤各爲一圖。凡八圖，象徵『八卦』。

陰陽太少：『一、六守北爲太陰，四、九列西爲太陽；三、八居東爲少陰，二、七位南爲少陽。』凡四圖，象徵四象。

七九時空：以七代『時』，統二、八、三；以九代『空』，統六、四、一，凡二圖，象徵兩儀。

四　分宫卦象次序（凡八圖）

乾一

否 九一
遯 九六
姤 九二
乾 九九
晋 三一
大有 三九
觀 二一
剥 六一

坤
八

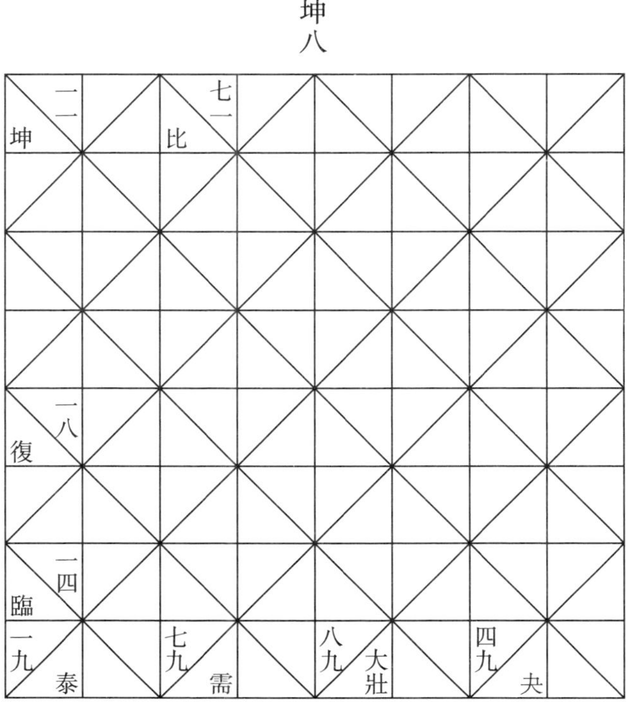

兑二

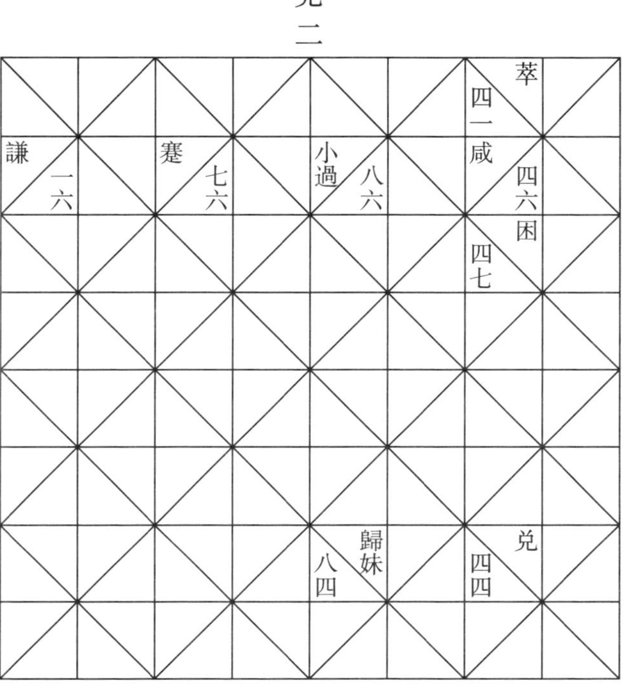

艮七

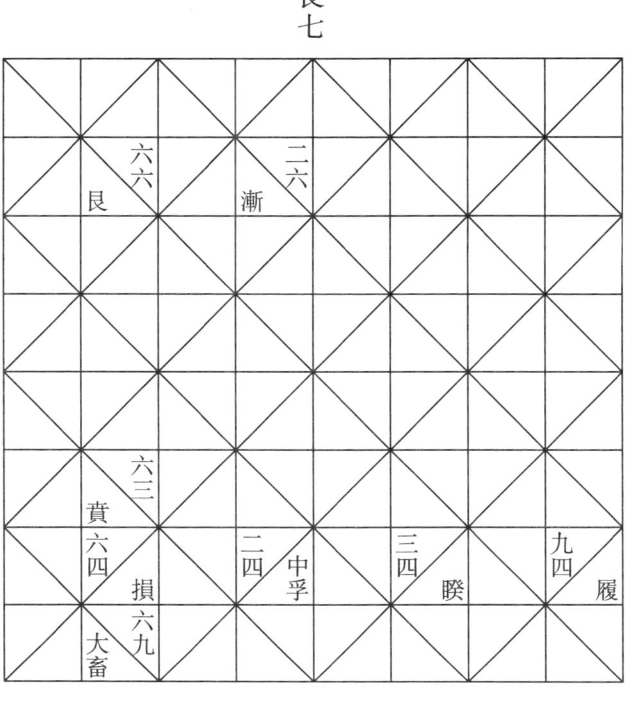

離三

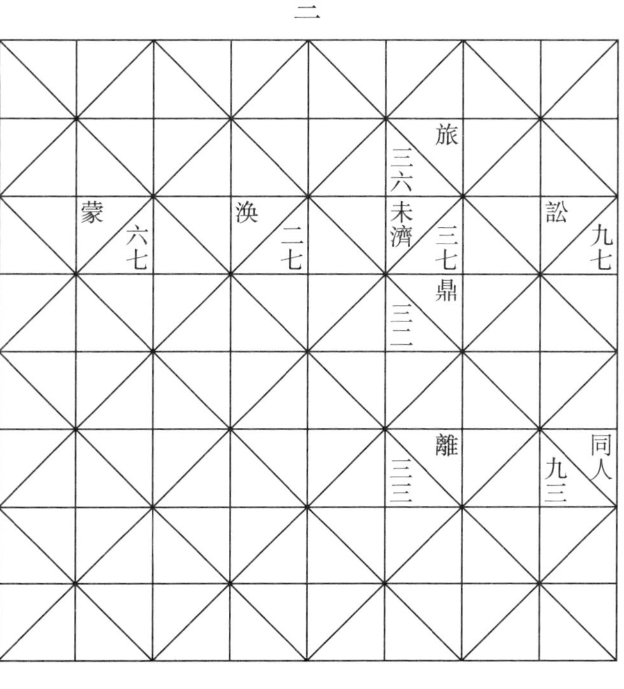

坎六

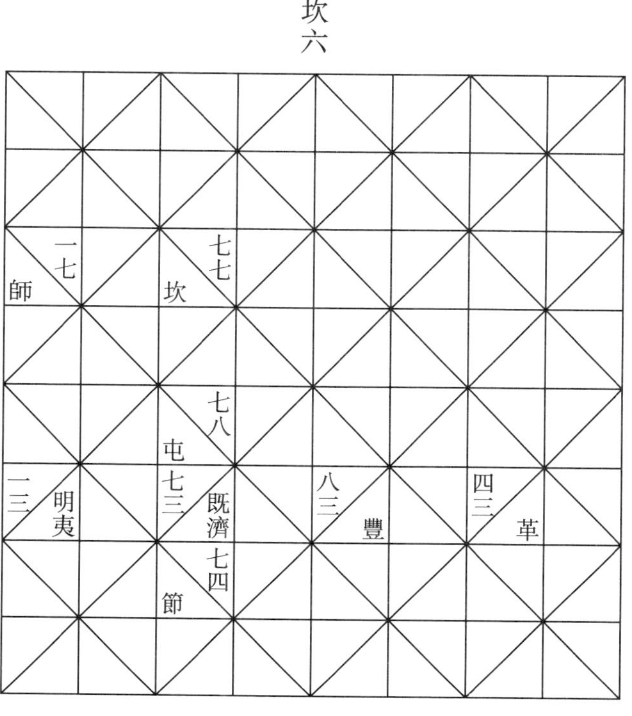

震四

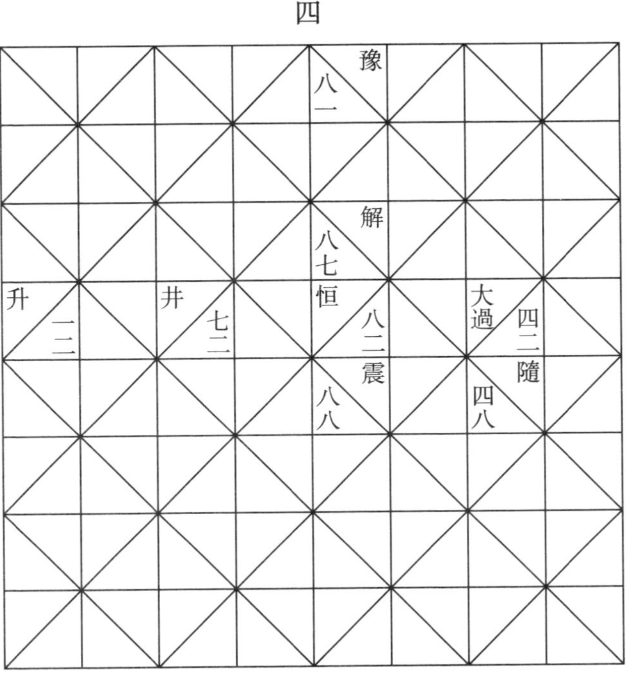

巽五

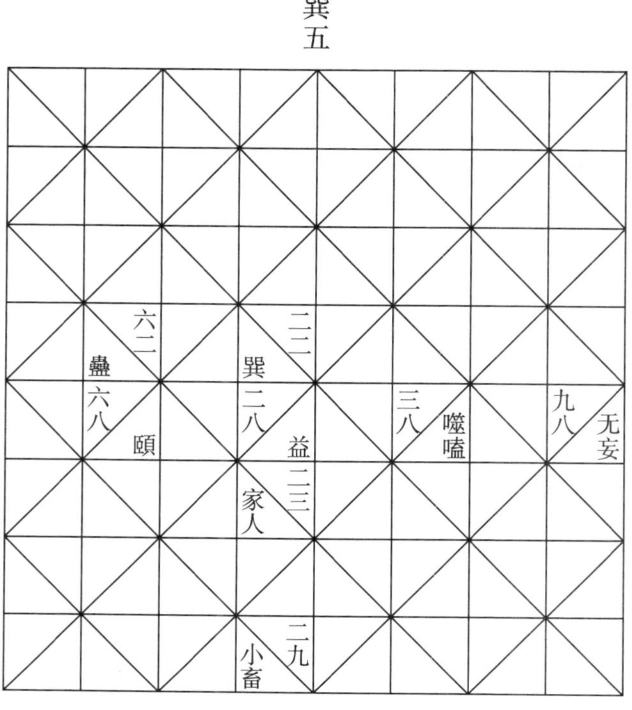

五 陰陽太少（凡四圖）

水
六·一
二一
坤
七一
比
六六
艮
二六
漸
一八
復
六三
賁
一四
臨
六四
損
二四
中孚
三四
睽
九四
履
一九
泰
六九
大畜
七九
需
八九
大壯
四九
夬

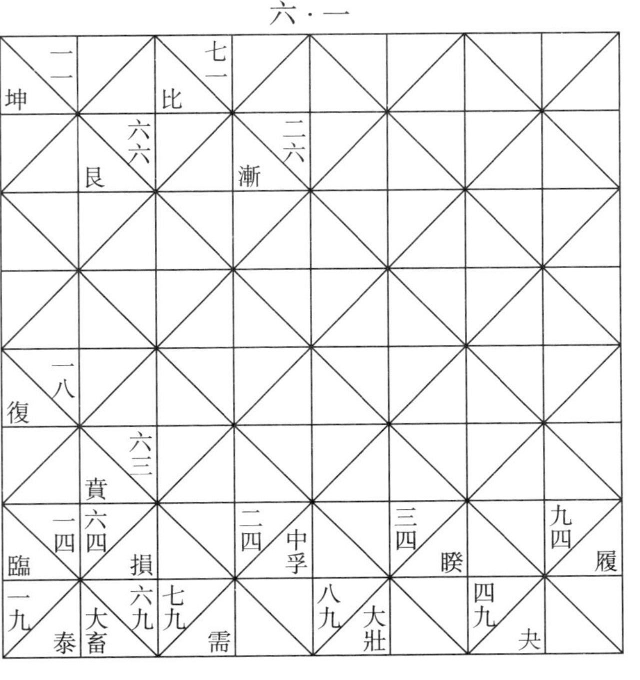

火

二·七

一七
師
七七
坎
六二
蠱
二二
巽
六八
頤
七八
屯
二八
益
三八
噬嗑
九八
无妄
一三
明夷
七三
既濟
家人
二三
八三
豐
四三
革
七四
節
二九
小畜

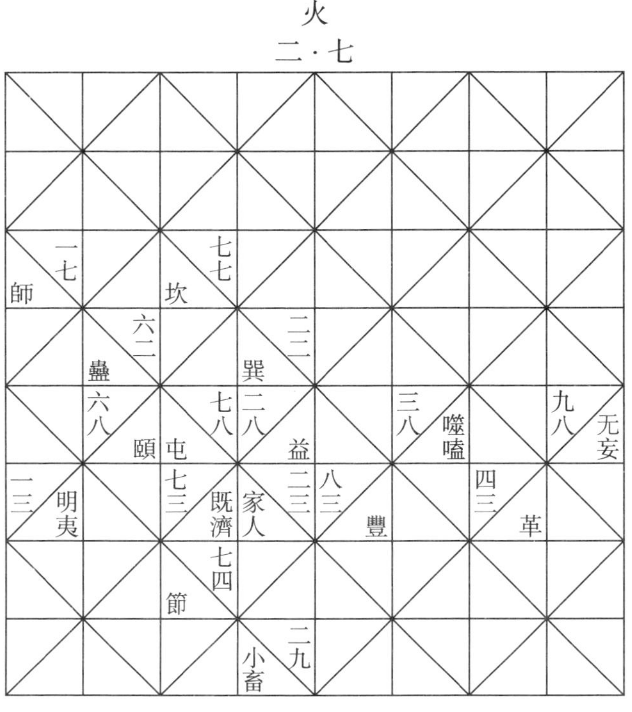

金

九·四

剥
六一
觀
二一
晉
三一
萃
四一
否
九一
謙
一六
蹇
七六
小過
八六
咸
四六
遯
九六
困
四七
姤
九二
歸妹
八四
兑
四四
大有
三九
乾
九九

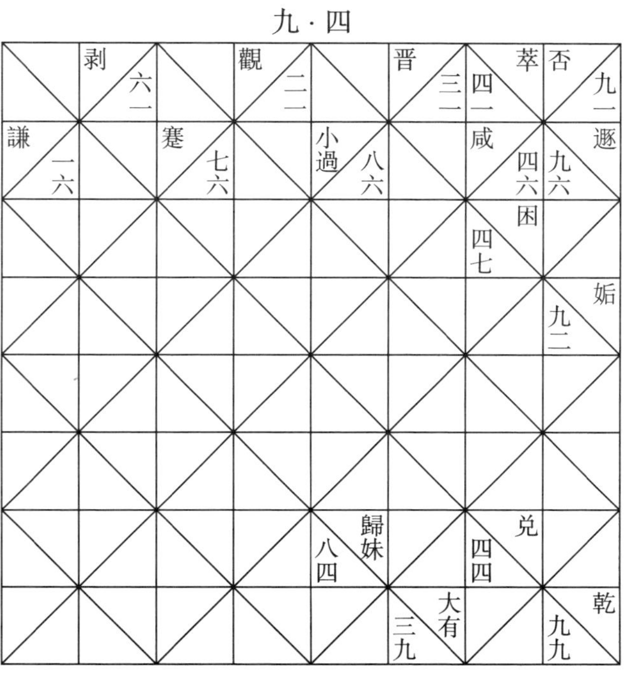

木

三·八

豫
八一
旅
三六
蒙
六七
渙
二七
解
八七
未濟
三七
訟
九七
升
二二
井
七二
恒
八二
鼎
三二
大過
四二
震
八八
隨
四八
離
三三
同人
九三

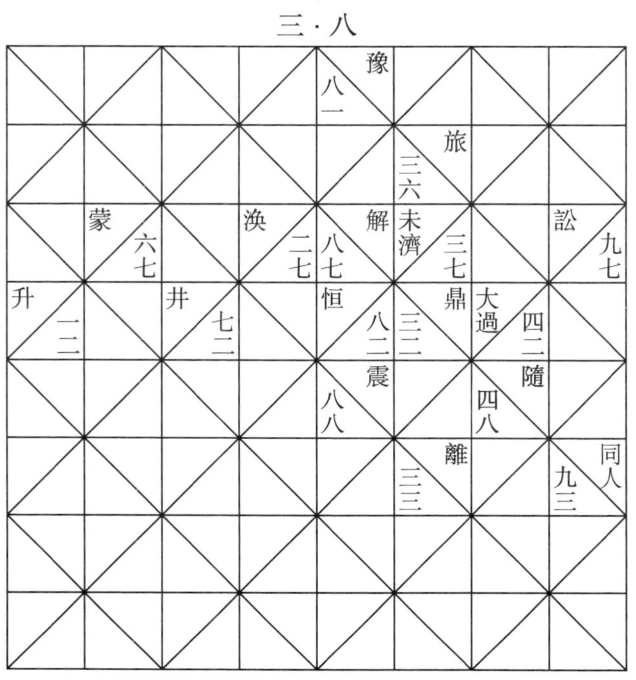

六　七九時空（凡二圖）

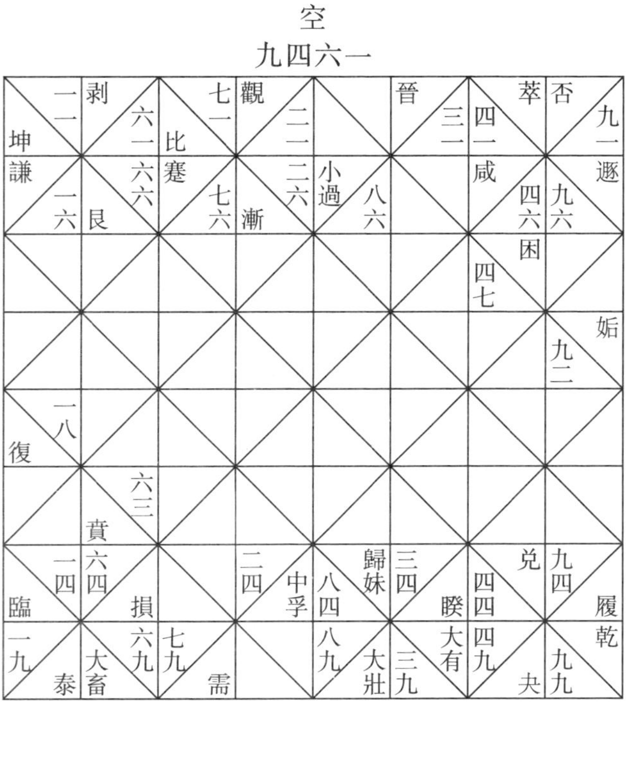

空

九四六一

坤 一一	剥 六一	比 七一	觀 二一		晉 三一	萃 四一	否 九一
謙 一六	艮 六六	蹇 七六	漸 二六	小過 八六		咸 四六	遯 九六
						困 四七	
							姤 九二
復 一八							
	賁 六三						
臨 一四	損 六四		中孚 二四	歸妹 八四	睽 三四	兌 四四	履 九四
泰 一九	大畜 六九	需 七九		大壯 八九	大有 三九	夬 四九	乾 九九

時

七二八三

豫 八一
旅 三六
蒙 一七 師 六七 坎 七七 渙 二七 解 八七 未濟 三七 訟 九七
升 一二 蠱 六二 井 七二 巽 二二 恒 八二 鼎 三二 大過 四二
六八 頤 屯 七八 二八 益 八八 震 三八 噬嗑 四八 隨 九八 无妄
一三 明夷 七三 既濟 家人 二三 八三 豐 三三 離 四三 革 九三 同人
七四 節
二九 小畜

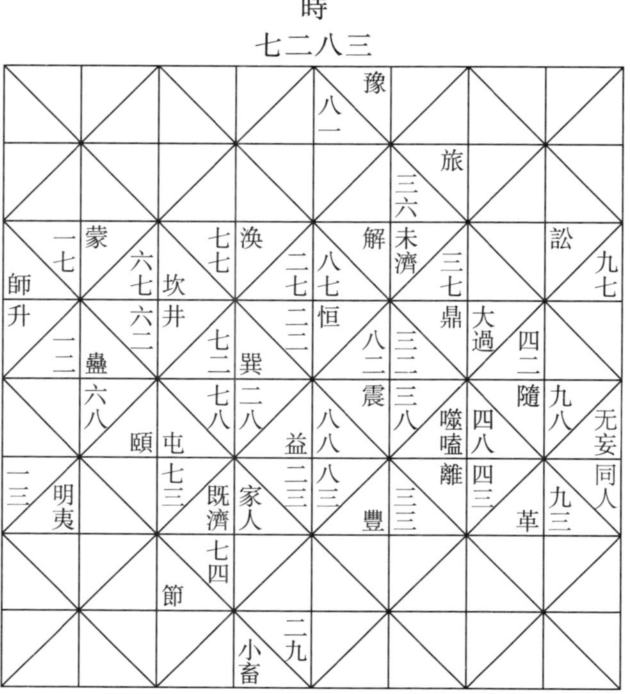

叁　『奇偶分踪』、『八義』、『八序』，對應前貳。

七　八序（凡八圖）

八　八義（凡四圖）

九　奇偶分踪（凡二圖）

『八序』爲天、地、方、圓、乾、坤、離、坎，一序一圖，凡八圖。

『八義』爲同、異、形、炁、復、反、順、逆，兩兩三三的『組合』，最宜品味。

『奇偶分踪』實即『分陰分陽』，如何『迭用柔剛』，由人自理。

七　八序（凡八圖）

天

九八七六

	剥 六一		觀 二一	豫 八一	晉 三一		否 九一
	六六 艮		二六 漸				遯 九六
一七 師		七七 坎		解 八七			
升 一二		井 七二		恒 八二		大過 四二	姤 九二
		七八 屯		震 八八		隨 四八	
一三 明夷	六三 賁	七三 既濟		八三 豐		四三 革	
	六四 損	七四 節	二四 中孚		三四 睽		九四 履
	六九 大畜				三九 大有		乾 九九

地

一二三四
二一
坤
七一
比
萃
四一
謙
一六
蹇
七六
小過
八六
三六
旅
咸
四六
蒙
六七
渙
二七
未濟
三七
四七
困
訟
九七
六二
二三
鼎
蠱
巽
三二
一八
六八
二八
三八
九八
復
頤
益
噬嗑
无妄
二三
離
三三
同人
家人
九三
一四
歸妹
兌
臨
八四
四四
一九
七九
二九
八九
四九
泰
需
小畜
大壯
夬

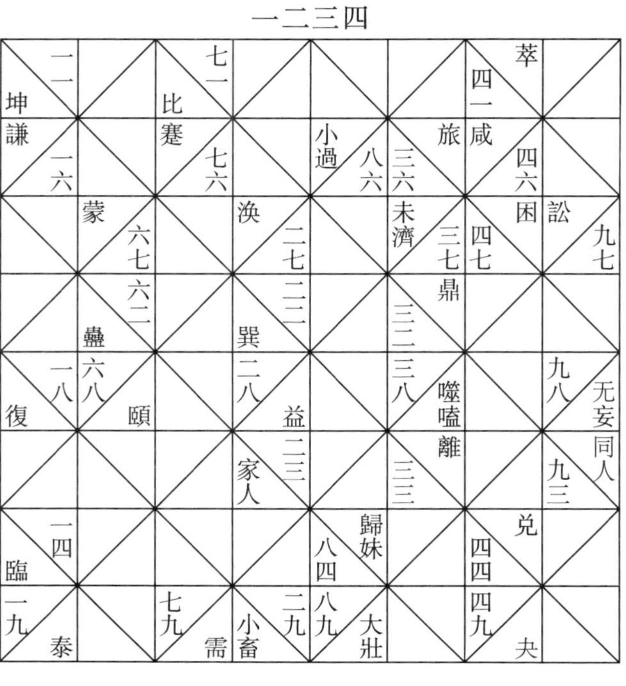

圓

二九六三

剥
六一
觀
二一
晉
三一
否
九一
六六
艮
二六
漸
旅
三六
遯
九六
蒙
六七
渙
二七
未濟
三七
訟
九七
六二
蠱
二二
巽
鼎
三二
姤
九二
六八
頤
二八
益
三八
噬嗑
九八
无妄
六三
賁
二三
家人
離
三三
同人
九三
六四
損
二四
中孚
三四
睽
九四
履
六九
大畜
二九
小畜
大有
三九
乾
九九

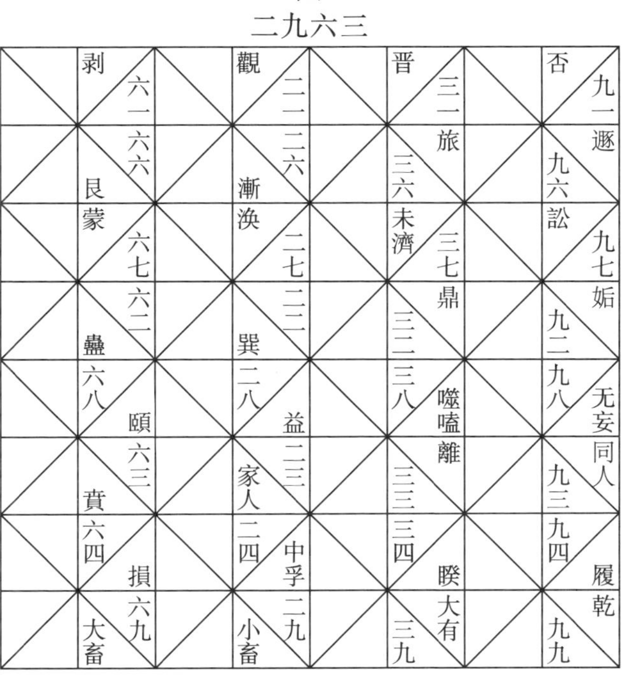

方

八一四七

一一 坤		七一 比		豫 八一		萃 四一	
謙 一六		蹇 七六		小過 八六		咸 四六	
一七 師		七七 坎		解 八七		困 四七	
升 一二		井 七二		恒 八二		大過 四二	
一八 復		七八 屯		震 八八		隨 四八	
一三 明夷		七三 既濟		八三 豐		四三 革	
一四 臨		七四 節		歸妹 八四		兌 四四	
一九 泰		七九 需		八九 大壯		四九 夬	

乾

九四三八

剝 六一
觀 二一
豫 八一
晉 三一
萃 四一
否 九一
謙 一六
蹇 七六
小過 八六
旅 三六
咸 四六
遯 九六
蒙 六七
渙 二七
解 八七
未濟 三七
困 四七
訟 九七
升 一二
井 七二
恒 八二
鼎 三二
大過 四二
姤 九二
震 八八
隨 四八
離 三三
同人 九三
歸妹 八四
兌 四四
大有 三九
乾 九九

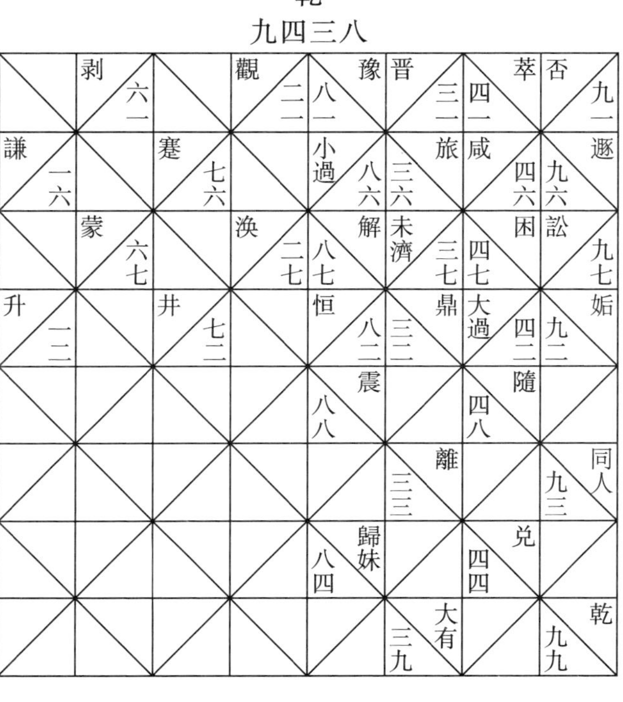

坤

一六七二

一一 坤
七一 比
六六 艮
二六 漸
一七 師
七七 坎
六二 蠱
二二 巽
一八 復
六八 頤
七八 屯
二八 益
三八 噬嗑
九八 无妄
一三 明夷
六三 賁
七三 既濟
二三 家人
八三 豐
四三 革
一四 臨
六四 損
七四 節
二四 中孚
三四 睽
九四 履
一九 泰
六九 大畜
七九 需
二九 小畜
八九 大壯
四九 夬

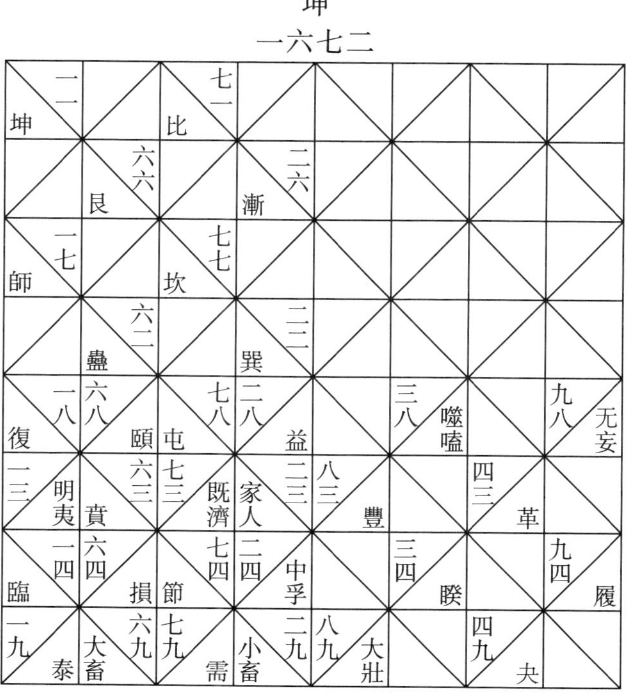

坎

七二九四

剥
六一
觀
二一
晉
三一
萃
四一
否
九一
謙
一六
蹇
七六
小過
八六
咸
四六
遯
九六
一七
師
七七
坎
困
四七
六二
蠱
二二
巽
姤
九二
六八
頤
七八
屯
二八
益
三八
噬嗑
九八
无妄
一三
明夷
七三
既濟
家人
二三
八三
豐
四三
革
兑
七四
節
八四
歸妹
四四
二九
小畜
三九
大有
乾
九九

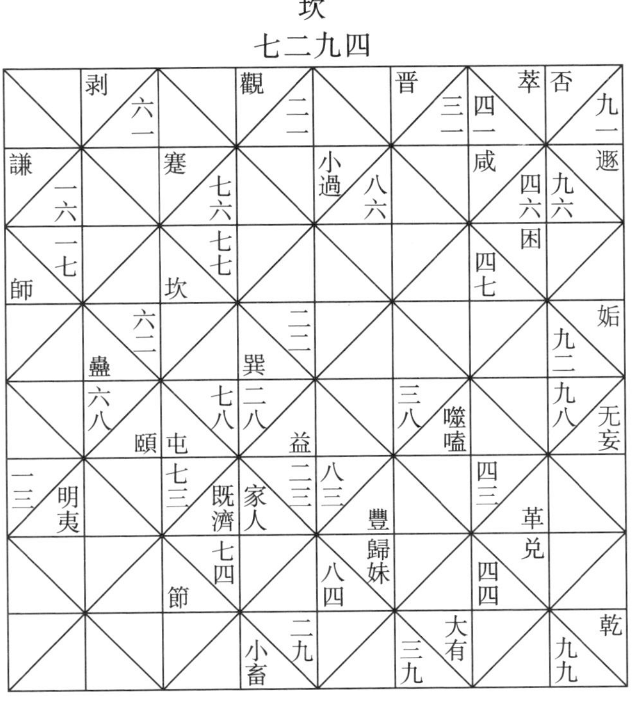

離

三八一六

坤
一一
比
七一
豫
八一
艮
六六
漸
二六
旅
三六
蒙
六七
渙
二七
解
八七
未濟
三七
訟
九七
升
一二
井
七二
恒
八二
鼎
三二
大過
四二
復
一八
震
八八
隨
四八
賁
六三
離
三三
同人
九三
臨
一四
六四
損
二四
中孚
三四
睽
九四
履
一九
泰
大畜
六九
七九
需
八九
大壯
四九
夬

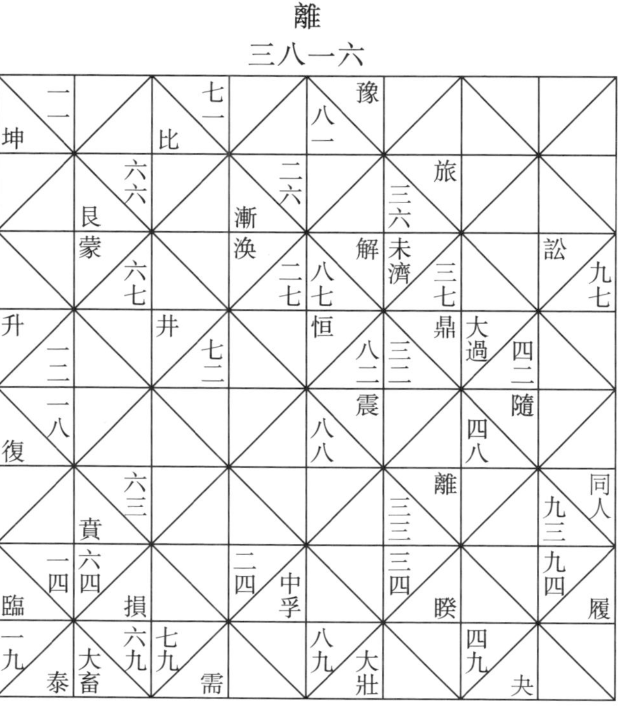

八 八義（凡四圖）

同·異
否
九一
咸
四六
坤
一一
六六
艮
七七
坎
未濟
三七
恒
二二
八二
震
巽
二八
益
八八
七三
既濟
離
三三
六四
損
兌
四四
一九
泰
乾
九九

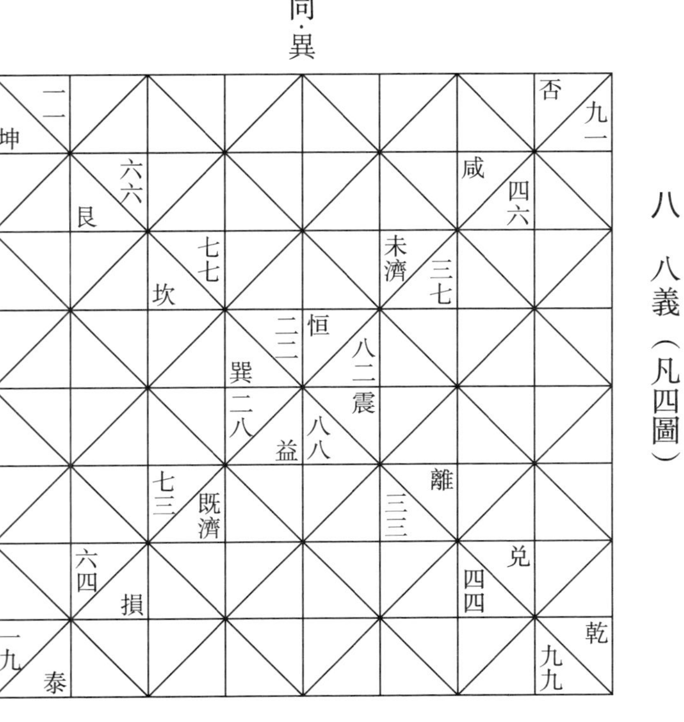

炁·形

七一
比
晉
三一
二六
小過
八六
漸
訟
九七
一七
師
六二
蠱
大過
四二
隨
六八
頤
四八
一三
明夷
同人
九三
二四
中孚
八四
歸妹
七九
需
大有
三九

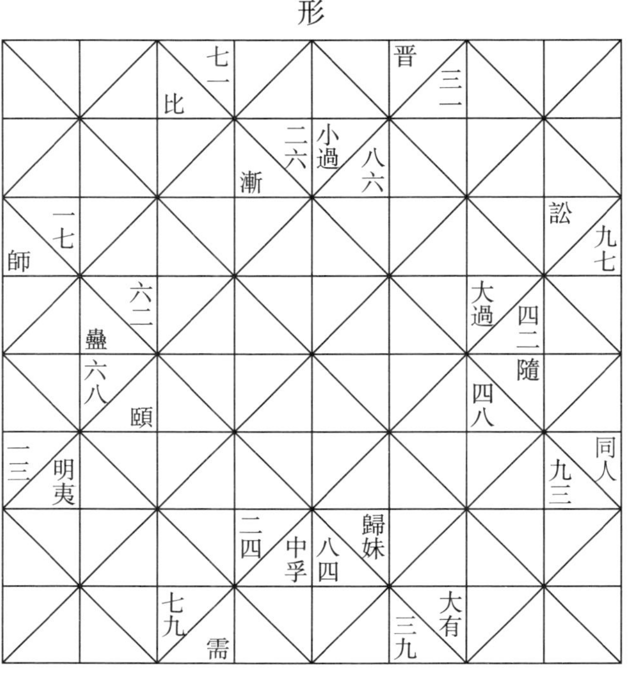

復·反

觀
豫
二二
八一
蹇
旅
七六
三六
蒙
困
六七
四七
升
姤
二三
九二
一八
九八
復
无妄
六三
四三
賁
革
七四
三四
節
睽
二九
八九
小畜
大壯

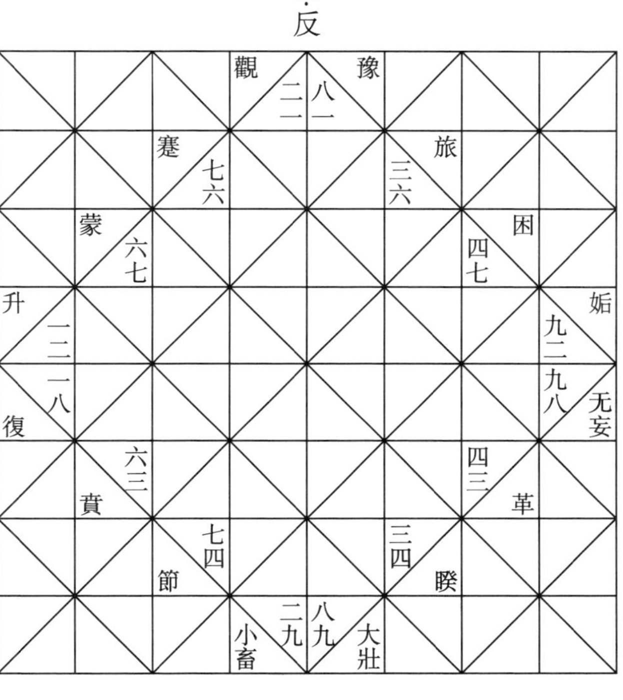

大易探微

逆·顺

剥
六一
萃
四一
谦
一六
遯
九六
涣
二七
八七
解
井
七二
七八
屯
鼎
三二
三八
噬嗑
二三
八三
家人
豐
一四
临
九四
履
六九
大畜
四九
夬

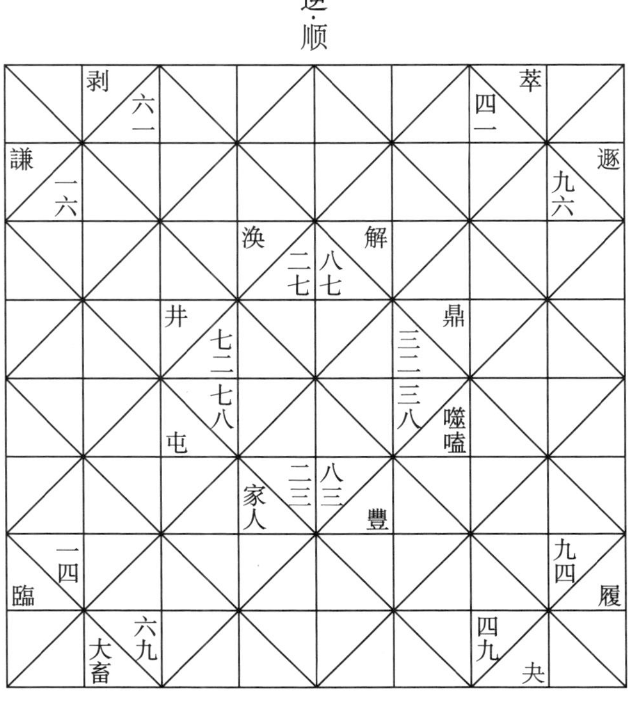

九　奇偶分踪（凡二圖）

奇

三一七九

一一 坤	剥 六一	七一 比	觀 二一		晉 三一		否 九一
					三六 旅		九六 遯
一七 師	蒙 六七	七七 坎	渙 二七		未濟 三七		訟 九七
					三二 鼎		九二 姤
一八 復		七八 屯					
一三 明夷		七三 既濟		八三 豐	三三 離	四三 革	九三 同人
一四 臨		七四 節					
一九 泰		七九 需		八九 大壯	三九 大有	四九 夬	九九 乾

偶

六八四二
豫
八一
萃
四一
謙
一六
六六
艮
蹇
七六
二六
漸
小過
八六
咸
四六
解
八七
困
四七
升
一二
六二
蠱
井
七二
二三
巽
恒
八二
大過
四二
六八
頤
二八
益
震
八八
三八
噬嗑
四八
隨
九八
无妄
六三
賁
二三
家人
六四
損
二四
中孚
八四
歸妹
三四
睽
四四
兌
九四
履
六九
大畜
二九
小畜

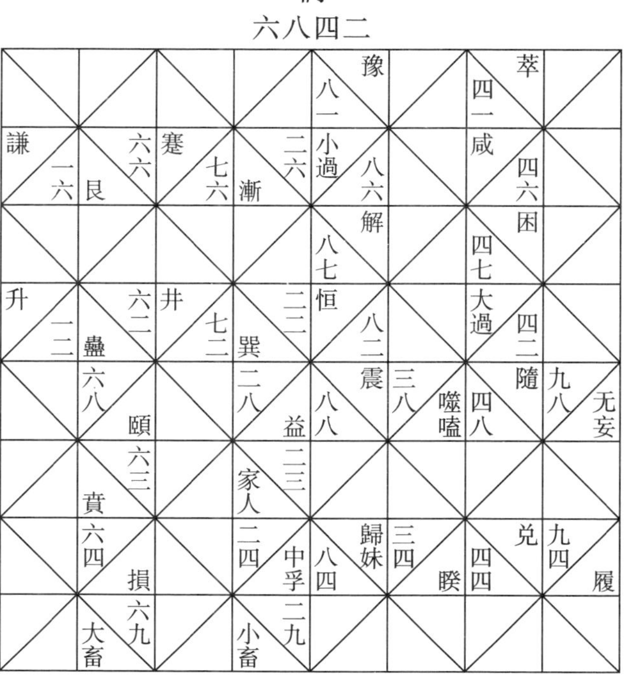

肆　三个帶『卦』的『傳』的相互關係。

十　乾坤生六子（凡四圖）
十一　《序卦傳》依次八八分組（凡八圖）
十二　《雜卦傳》依次八八分組（凡八圖）
（《序》、《雜》各八組依次左右對稱編排。）

『伏羲八卦』與『文王八卦』的分爲『先天』、『後天』論『卦成三爻』，都是一樣。如果論『方位』則有不同，三個數也有微妙的差別。

我們看《本經》中『伏羲八卦』用天、地、雷、風、水、火、山、澤八大象表示。『文王八卦』都稱『卦名』爲乾、坎、艮、震、巽、離、坤、兑。

所以，三個帶『卦』字的『傳』，『序』、『雜』兩傳不必説了，都是用的『卦名』。《説卦傳》因爲要源源本本的説『卦』的由來與運用，是兼『卦炁』與『卦象』來説的。『文王八卦』既然是探索萬物生化本始，『窮理盡性以至於命』，當然主要是論人事。因此，『乾坤生六子』一章顯得十分重要了。這是帶『卦』

字三『傳』的主體，更是《繫辭下傳》『約法三章』的根據。

《序卦傳》、《分宮卦象次序》的『有序』，體現在《先天方圖》中，這是『君子所居而安者，易之序也』的印證。所以《序》、《雜》對照，要從『雜』字着眼。首尾兩組最爲緊要，其餘各組不可拘泥。運『數』追踪以『理』，是『化裁通變』的要着。

自然規律不可以捉摸，但可以『運數追踪』。『易』從認識數始於『一』開始，數的演繹無窮無盡而有規律，『二項式定律』最能説明問題，這就是，『生生之謂易。』

十　乾坤生六子（凡四圖）

九·三

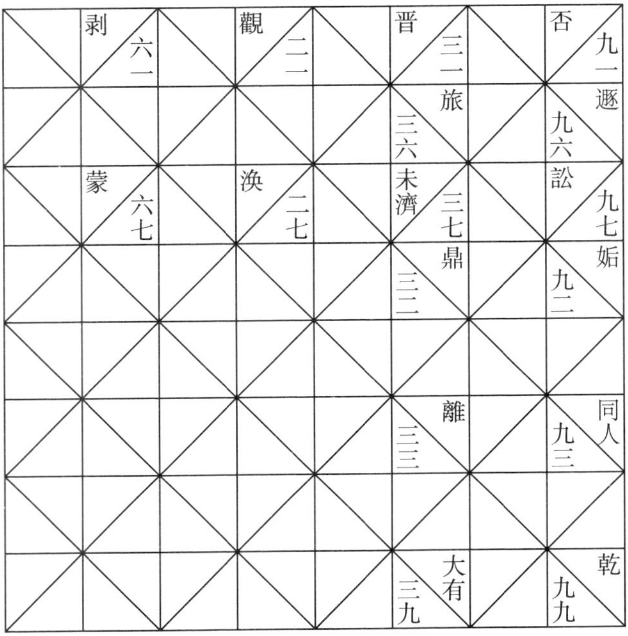

	剥 六一		觀 二一		晋 三一		否 九一
					旅 三六		遯 九六
	蒙 六七		渙 二七		未濟 三七		訟 九七
					鼎 三二		姤 九二
					離 三三		同人 九三
					大有 三九		乾 九九

七·一

二一
坤
七一
比
一七
師
七七
坎
一八
復
七八
屯
一三
明夷
七三
既濟
八三
豐
四三
革
一四
臨
七四
節
一九
泰
七九
需
八九
大壯
四九
夬

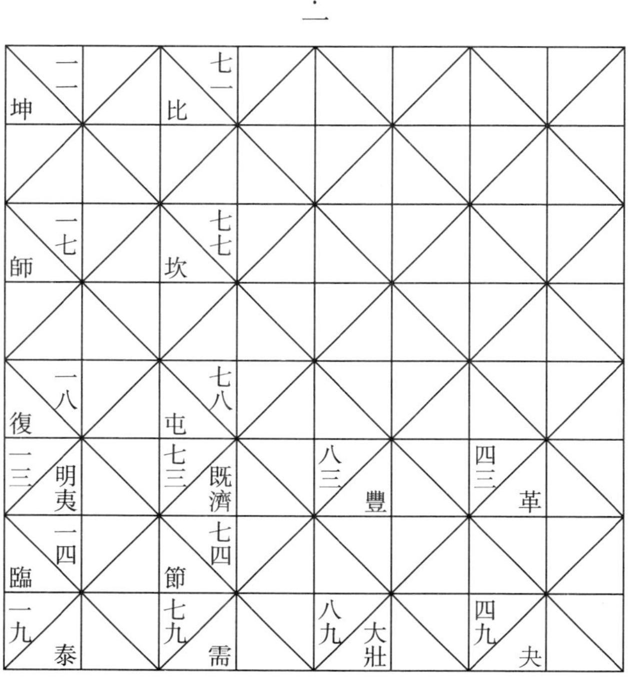

六·八

豫
八一
六六
艮
二六
漸
解
八七
恒
升
一二
井
七二
大過
四二
八二
震
隨
八八
四八
六三
賁
六四
損
二四
中孚
三四
睽
九四
履
六九
大畜

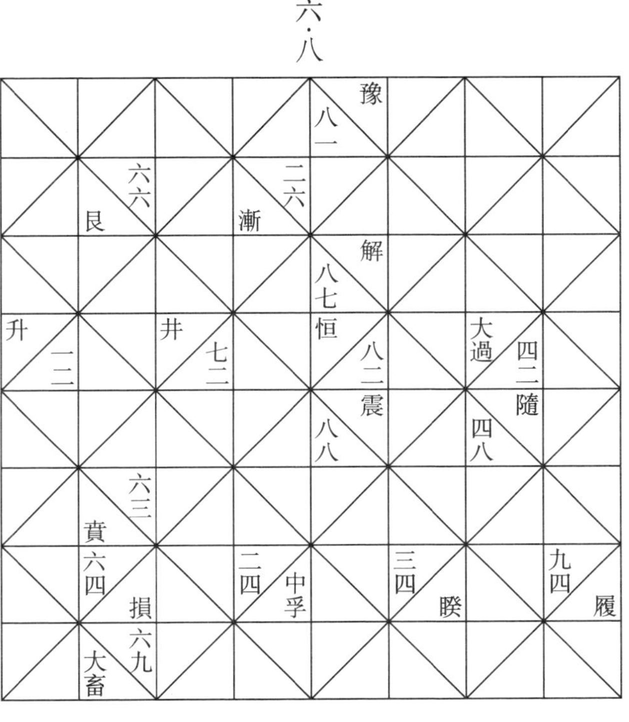

二·四

萃
四一
咸
四六
困
四七
謙
一六
蹇
七六
小過
八六
六二
蠱
六八
頤
二三
巽
二八
益
二三
家人
三八
噬嗑
九八
无妄
歸妹
八四
兌
四四
二九
小畜

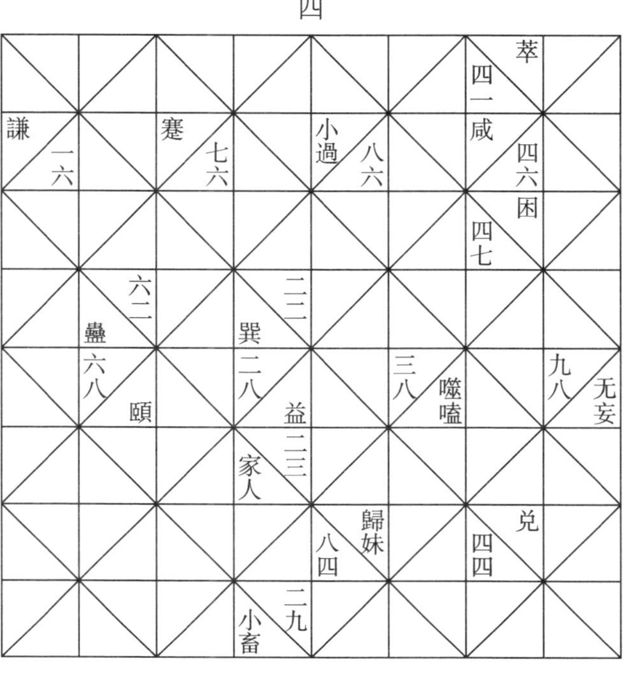

十一 《序卦傳》依次八八分組（凡八圖）

序一

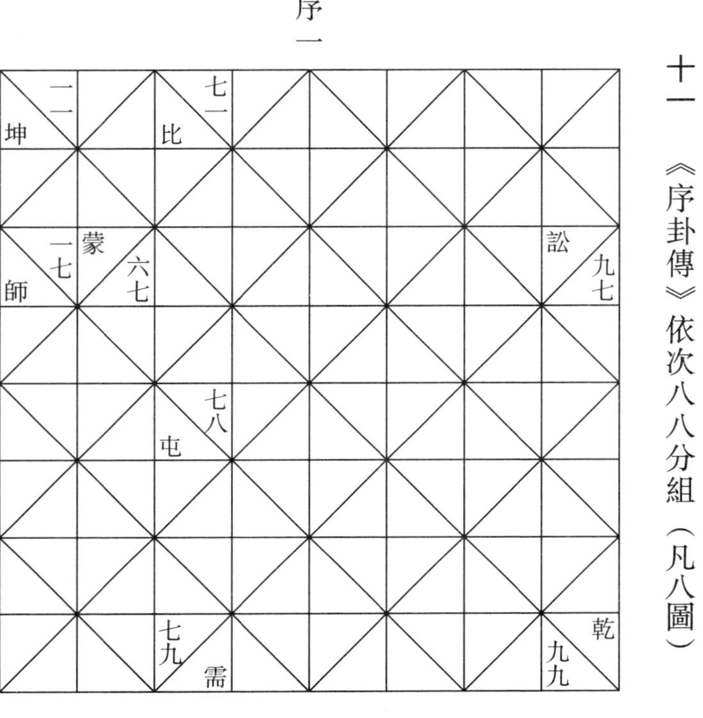

十二 《雜卦傳》依次八八分組（凡八圖）

雜一

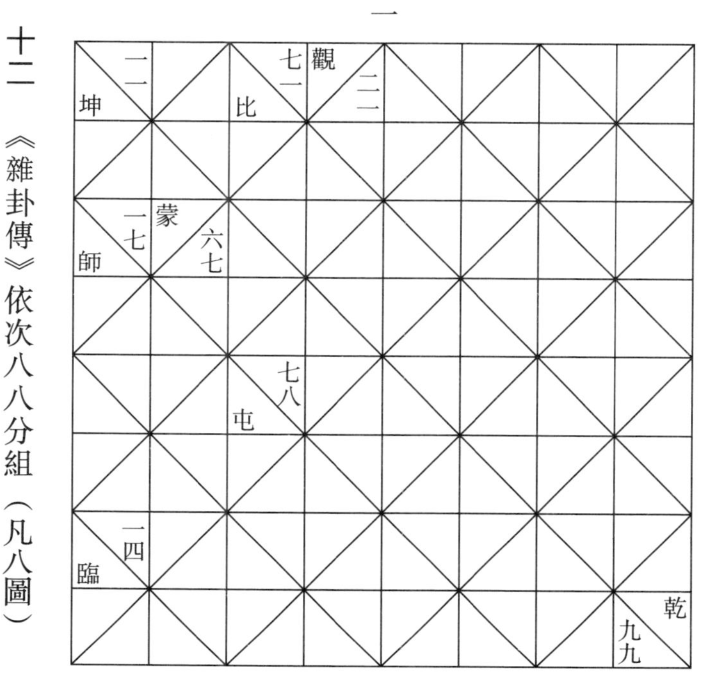

序二

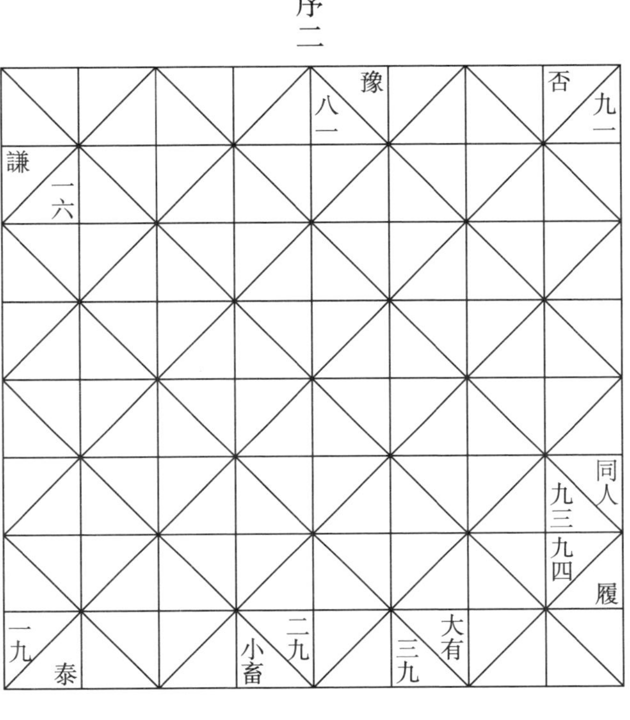

雜二

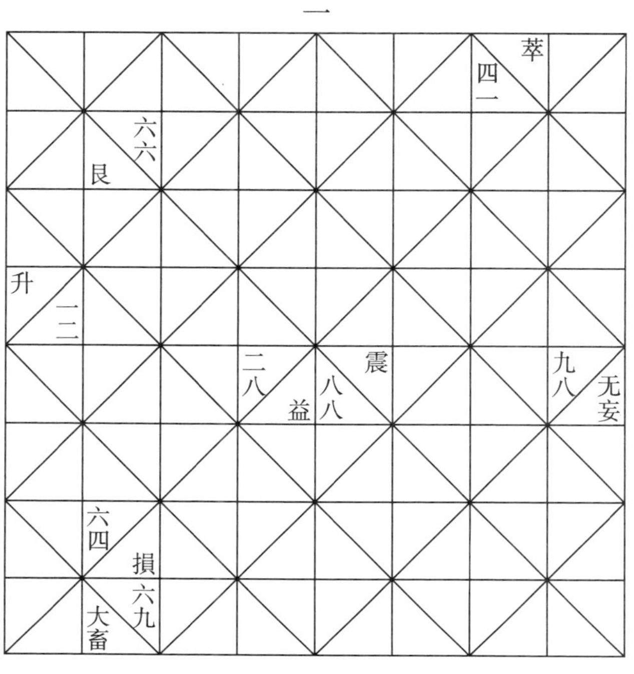

序三

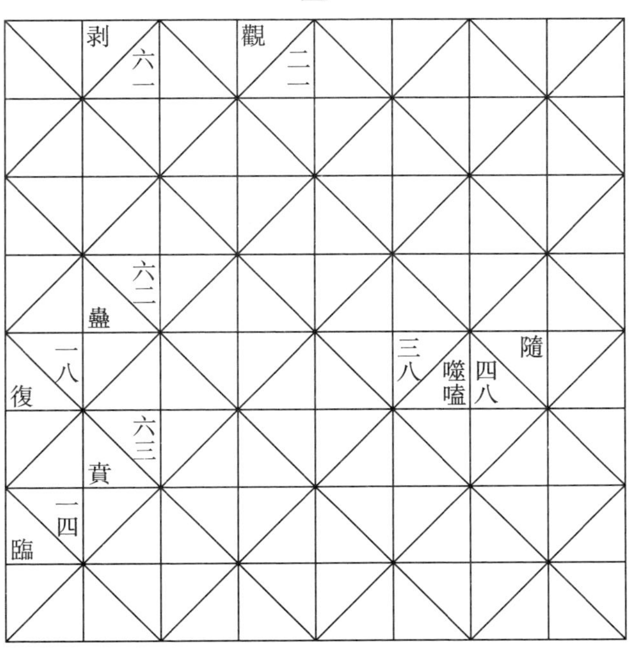

雜三

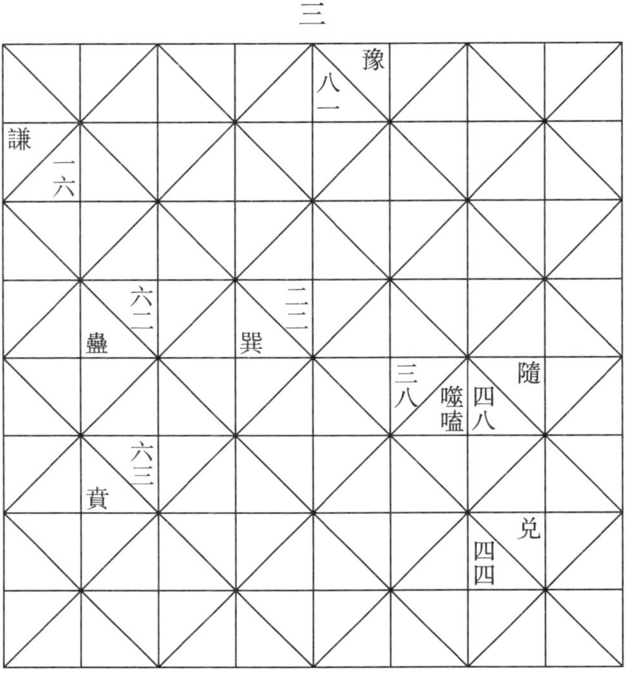

序四

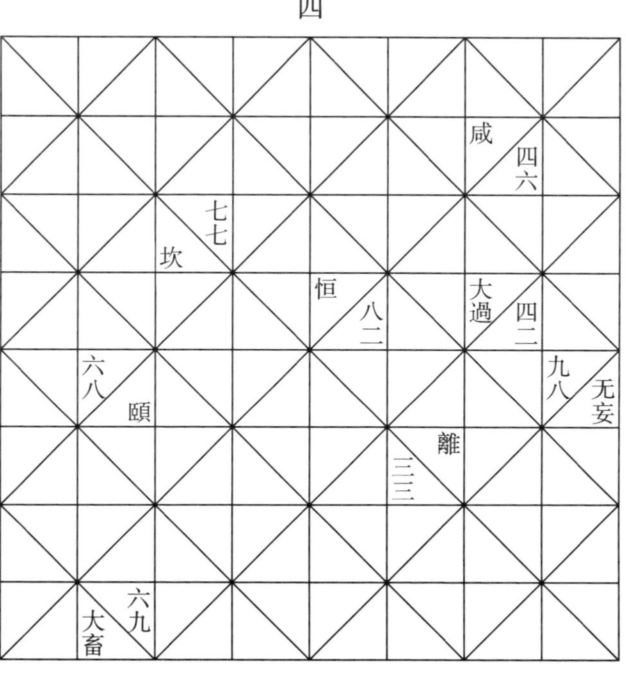

雜四

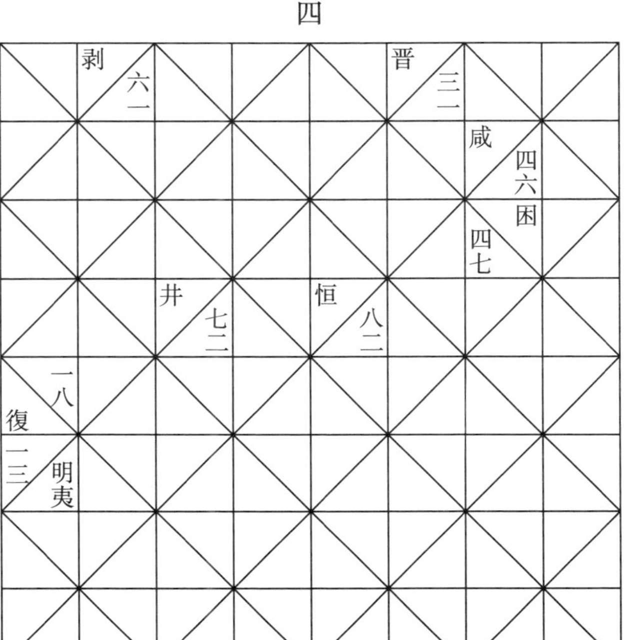

序五

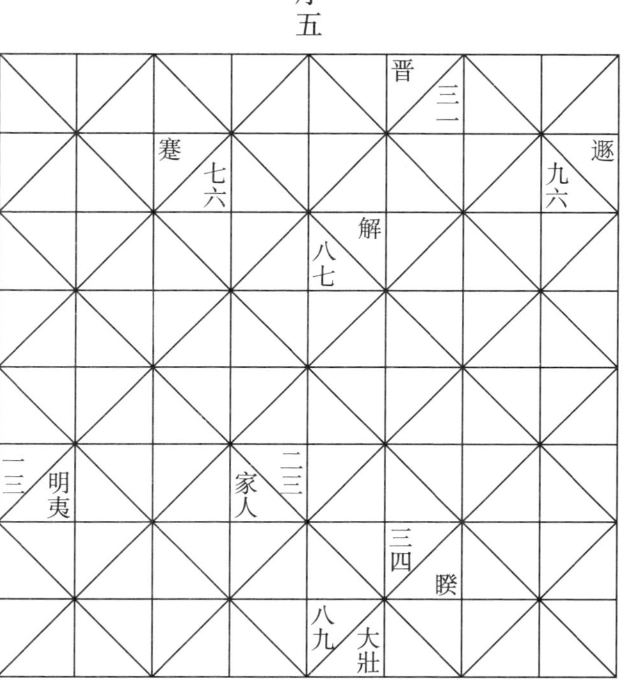

雜五

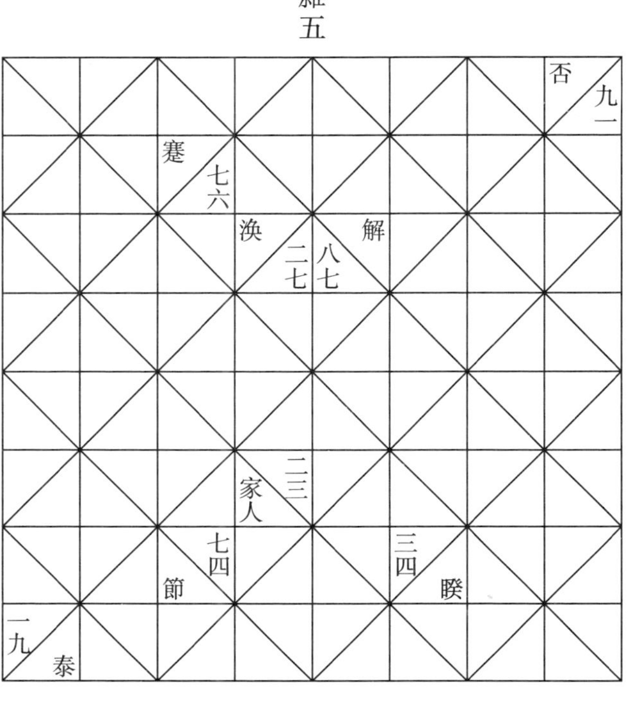

序六

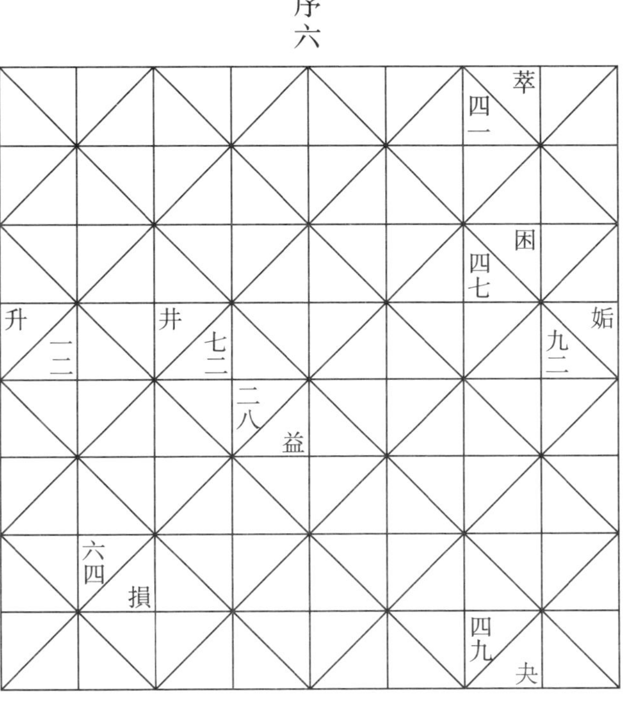

雜六

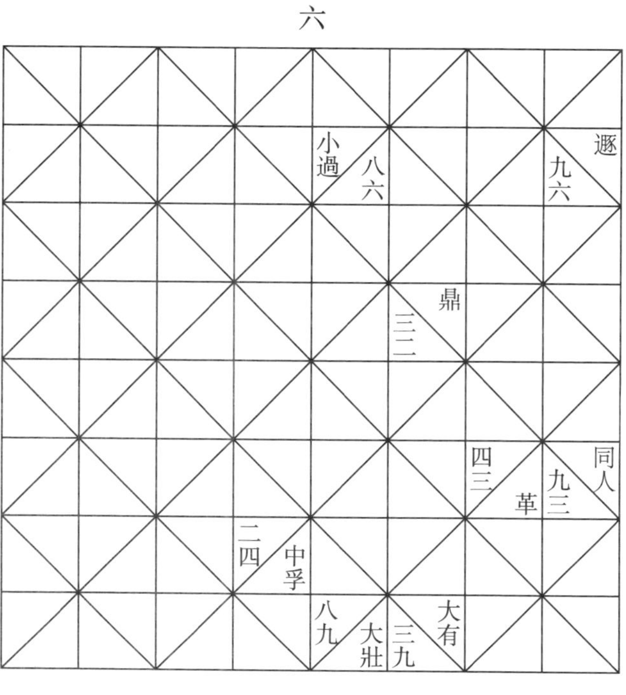

序七

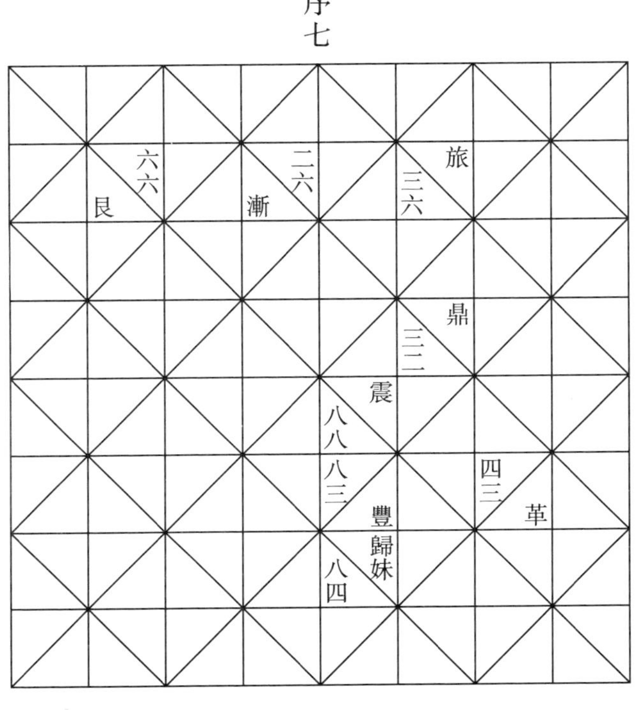

雜七

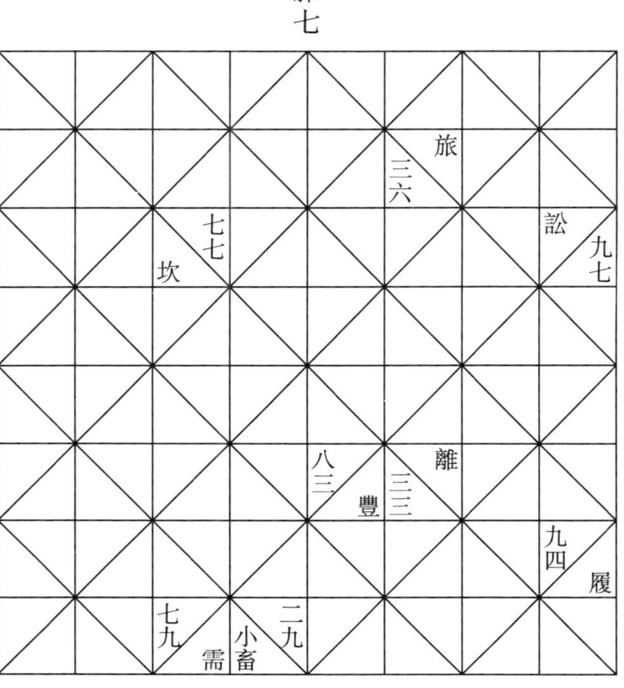

序八

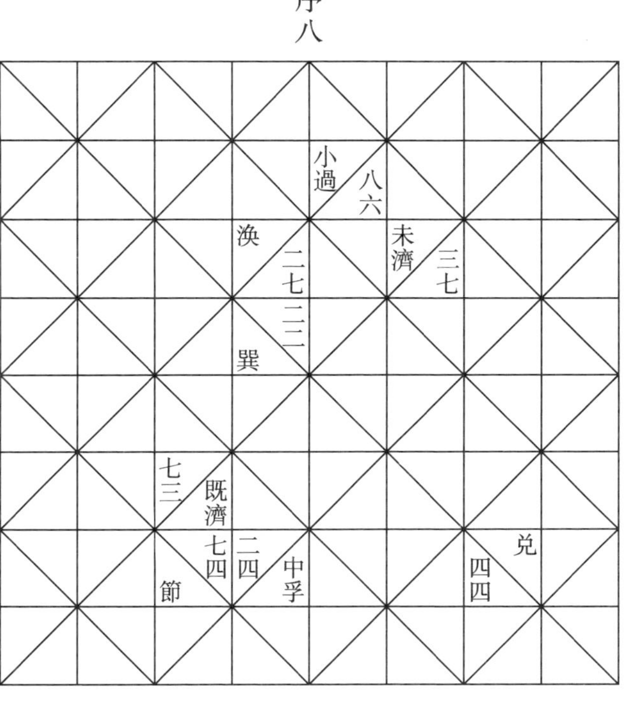

雜八

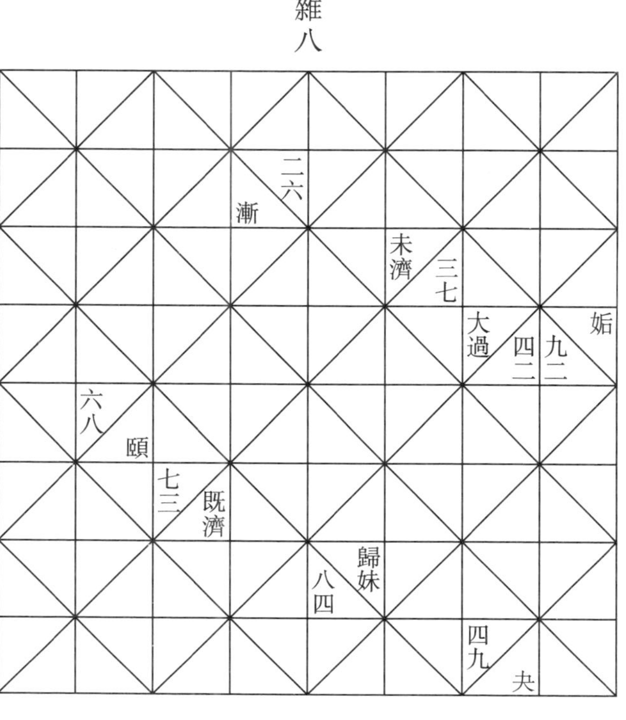

四 由『崇儒』引發的毀《圖》與斷《翼》內幕可以揭開了嗎？

〔一〕

我國是世界上僅存的幾個文明古國之一，有五千年以上的歷史。大易是我國文化的源頭，相傳伏羲『始作八卦，以通神明之德，以類萬物之情。』從上文的後兩句，想到了『炁』與『形』的關係。『數』可通神，神主『炁』，『數』是上帝用來描繪宇宙的文字。『象』能狀物之『形』，萬物類象歸於五行。《同人》大象說：『天與火同人，君子以類族辨物。』由於我國的文字從『象形』發展到『六書』，經過了千年以上漫長的歲月，所以人們能夠見字有感，觸類旁通。

〔二〕

『易』並不是伏羲『始作八卦』以後才有的。自從有宇宙就已經有了『易』。這衹要將《繫辭上傳》第四章『易與天地準，故能彌綸天地之道……。』與《繫辭下傳》第二章，『古者包犧氏之王天下也……。』兩章進行比較，前章說：『仰以觀於天文，俯以察於地理。』後章說：『仰則觀象於天，俯則觀法於地。』同是『仰觀俯察』而觀察的『內涵』與要達到的『目的』不同，細玩自能達理。

兩章的『內涵』，前章指『卦炁』，後章說『卦象』，通章的『立言』也有別。所以，『易學』的淵源極古，早在伏羲『畫卦』以前就已開端。

〔三〕

由無文字的易圖發展而爲有文字的《易書》，雖然前後經過了三、四千年，却是一脉相承，皆宗『太極』、『河』、『洛』。所以，老子説『道生一，一生二，二生三，三生萬物』。孔子也説過『吾道一以貫之。』試看一、二、三，三個字，結構非常簡單，伸出手指就可以表示，既示『數』也説『象』。

所以，『數』自『一』開始，文字的結構也是從『一』開始。《説文》釋『一』：『唯初太始道立於一。造分天地，化成萬物。』天地造化盡在太極一圖中，『一』無是處，造化也就無從發生。『一』是太極的原形。屈『一』成圓，圓動成體，太極的『一』衍爲十數，『河』『洛』體用才能發揮作用。

所以，太極、河、洛三個『數圖』是『易學』的根本，『八卦』的靈魂。没有了它，等於喪失了生命力。從前面的幾篇文章看來，太極、河、洛三個『數

圖』的重要性，已是不言而喻的了。復興中華文化，一定要爲大易『正本清源』，還『八卦』源出於『數』的本來面目。

〔四〕

自孔子歿後，兩千多年過去了。歷代儒家對『易學』的争執，從來也没有停息。原因何在，前文已經説了。

漢至宋初，《河圖》、《洛書》經過道家千年『匿藏』，才由華山道士陳摶（圖南）傳出。其實圖不用藏，衹要記住數據的『方位』，『相得』『有合』爲《河圖》。『金火易位』，戴九履一，左三右七，二四爲肩，六八爲足的爲《洛書》就可以了。由此可見西漢初控制的嚴密。後來邵康節推闡『河洛數象』著《皇極經世書》傳世，自是『象數之學』曾盛行一個時期。但是由於陳摶是道家，在此以前千餘年間，儒家絶没有人談到《圖》、《書》，『正統』的儒

家認爲它是宋人『臆造』的，並非作易的根本而是『易學』的支流，把它叫作『易外別傳』，並由此產生了『漢易』與『宋易』的爭論。直到現代，仍然是『老傳統』。各説各的，不斷地爭論下去。

那么，《河圖》、《洛書》在歷史上是『有』還是『没有』？儒家崇奉的孔子在《繫辭傳》中明文記載的『易有太極』與『河出圖，洛出書，聖人則之』可以『不認賬』，難道現在出土自公元前一百六十五年西漢汝陰侯墓葬中的《河圖》、《洛書》實物具在，也可以不承認漢武帝『罷黜百家，獨崇儒術』的政策，是在此二十五年以後才施行的。兩者之間有無聯係，不妨作一些推論。

〔五〕

近數十年來，隨著古文物的大量出土，考古學的興起，刷新了人們對歷史的認識。

出土的古文物中，與《易經》最有關係的，要算阜陽雙古堆西漢汝陰侯墓

出土『太乙九宮占盤』上刻劃的《河圖》、《洛書》；長沙馬王堆漢墓出土的帛書《易經》；還有全國許多地方都曾經發現過的『數字卦』。這些古文物表明：『太乙九宮占盤』上刻著的《河圖》、《洛書》，是西漢初年《圖》、《書》尚存的鐵證。帛書《易經》不在於它的排列順序與今本不同，而在於按八組卦排列由一種固定的格式得出；也不在『卦名』的不同，而在於《先天方圖》的『對應』是『致一』的。至於『數字卦』，則更加證明了八卦源出於『數』，『數』已經由『黑、白』點連接起來表示改用簡單的符號了。『數字卦』中一與六兩個數出現最多，更加證實了《說卦傳》第五章末句『艮、東北之卦也。萬物之所成終而所成始也，故曰成言乎艮。』這末兩句是十分正確的。因爲是『萬物得一以生』，得『地』而後有『位』。

〔六〕

關心祖國文化的源頭，現在該可以進行反思了吧！爲甚麼漢文帝十五年

（公元前一百六十五年）尚存的《河圖》、《洛書》沒有流傳下來？爲甚麼漢儒要在孔子贊《易》篇數上做文章？爲甚麼要説秦始皇焚書，《易經》是作爲『卜筮之書』被保留下來的？帛書《易經》確實祇有《卦辭》與《爻辭》，但漢初《彖》、《象》及《圖》、《書》也都流傳下來了，《本經》原旨『用分外内』，説明當時有人是『各取所需』的。這也是一個漏洞，因爲文王繫辭於卦、爻之下，『將以順性命之理』，却是承襲殷商風習。用占卜的口吻行文，每一個卦有卦、彖、爻辭，中心思想『將以順性命之理』，後來被孔子一語道破：『知者觀其彖辭，則思過半矣。』按照漢儒的説法，《彖辭》是孔子作的，這不是自相矛盾嗎？

諸卦的《彖辭》是《卦辭》的發揮，『剛柔相推』紐帶中的一環。《繫辭傳》中有『彖者、材也』。『彖者，言乎象者也』。所以，將《彖辭》與《象辭》的作者歸功於孔子，實在説不通。但是，漢儒爲甚麼要這樣做，目的祇有一個：迎合漢武帝鞏固政權，控制思想的『崇儒』政策的需要；同時，抬高孔子的地位與權威，也就是抬高儒家自己。

漢武帝劉徹是一個雄才大略的封建帝王，在位五十六年。歷史上文治武功，都很顯赫。他在就皇帝位開始，建元元年（公元前一百四十年）冬十月就下詔天下，『舉賢良方正直言極諫之士』。他親自策問古今治道，應對的有一百多人，董仲舒是在這時『脱穎而出』的。雙方一拍即合，實行『崇儒』政策，究竟採取了些甚麼措施，『信史』以外，後人已無法猜測。但是，西漢至宋初，儒家後來没有人提到的《圖》、《書》，現在却從『崇儒』政策實行以前二十五年下葬的墓穴中被發掘出來，應該作怎樣的解釋？

漢武帝對内統治怎樣。司馬遷的《史記・酷吏列傳》寫了十個人。漢武帝當政時期就佔去了九個，這應當是意味深長的。

〔七〕

《史記・孔子世家》：太史公寫孔子與『易』的關係，祇用了三十四個字。『孔子晚而喜易，序彖、繫象、説卦、文言。讀易韋編三絶。曰：假我數年，若是，我於易則彬彬矣。』孔子與『易』的關係十分密切，讀『易』至於『韋編三絕』。可是太史公寫來，簡略到使人捉摸不定。

太史公寫《史記・孔子世家》，大部份取材於《論語》。《論語》是孔子的弟子們記述孔子言行的，有很高的『真實性』。關於『假我數年』一句是從《論語・述而》『子曰：加我數年，五、十以學易，可以無大過矣』這一段文字中抽選出來的。衹要將『假我數年』前後文句聯係起來，與孔子自叙的話比較，仔細思量，就會發現太史公確是存有深意。

孔子『贊周易』，贊是贊襄，翼的字義也很明顯，都沒有『喧賓奪主』的意思。孔子自叙『加我數年，五、十以學易。』是他對大易『數理』的權威結論，五與十是學易關鍵的兩個數。五主中樞，『合十』爲用，五與十缺一不可。掌握好了五、十兩個數，學易才『可以無大過』，說的是够明白的了。可是，兩千年來，不知曾有多少學者在這上面做文章，曲爲之解釋，不禁使人想到，歷史上這麼一個『惡作劇』，影響是够深遠的了。這又是爲甚麼?!

〔八〕

太史公司馬遷的父親司馬談是漢武帝時的史官。武帝元封三年（公元前一百零八年）他繼承父業，太初元年（公元前一百零四年）開始《史記》寫作，那時他已四十二歲了。天漢元年（公元前九十九年）因『李陵事件』受牽連，爲了完成《史記》巨著，甘受腐刑。徵和二年（公元前九十一年）完成《史記》著作，其時年已五十五歲了。

司馬遷是史官，可以接觸歷史典籍，國家藏書。《河圖》、《洛書》，他是否見過，不好猜測，因爲接替他父親做史官，已在漢武帝實行『崇儒』政策三十二年以後了。但不能説他從來没有聽到他父親談到《河圖》、《洛書》。

太史公取材《論語·述而》孔子自叙一節，作爲《史記·孔子世家》描述孔子與易的關係。從孔子自叙文句中抽去了五與十兩個數。改『加』爲『假』，改『可以無大過矣』爲『我於易則彬彬矣』，『若是』究竟『何所是』，『序

彖、繫象、説卦、文言』八個字内包含了多少説不出的辛酸，這是史學家的『曲筆』。如果《河圖》、《洛書》不是在兩千多年以後出土於西漢汝陰侯墓葬，恐怕後人誰也不會想到漢武帝確定『崇儒』政策與『易學』的發展能有多大的關係！《圖》、《書》確是由當時的道家藏匿起來，不然，東漢魏伯陽的《周易參同契》也寫不出那樣的文章而被後世傳頌爲『萬古丹經王』。

〔九〕

伴隨著『太乙九宮占盤』的出土，還有一段插曲。以下摘自《文物》一九七八年第八期《阜陽雙古堆西漢汝陰侯墓發掘簡報》

太乙九宮占盤的正面是按八卦位置和五行屬性(水、火、木、金、土)排列的。九宮的名稱和各宮節氣的日數與《靈樞經，九宮八風圖》篇首圖完全一致。小圓盤的刻劃與《河圖》、《洛書》完全符合。

《靈樞經》是《黄帝内經》的重要組成部分，它研究天氣的變化與人體的

關係以占風候、治疾病。這個盤的刻劃實爲《靈樞經·九宮八風圖》的圖解，其用途當與天文、醫學有密切的關係。過去曾有人懷疑過《靈樞經》的成書年代，説它是唐朝人王冰所僞托。太乙九宮占盤的出土，打破了這種説法，爲《靈樞經》成書於秦漢之前提供了有力的根據。

證實了《靈樞經》的成書年代在秦漢以前，打破了是後人僞托的説法，又意味著甚麽呢?!

歷史捉弄著人們，而人們也往往在不知不覺中受到捉弄，這似乎有某種規律。今後，隨著出土古文物的增多，考古學的深入，可能幫助人們澄清歷史上許多疑難問題。這是作爲炎黄子孫都要深思的，也是願意看到的了。

五　少了兩個『瓜子點』引起的思考

——『五、十以學易』與『幽贊於神、明而生蓍』

（一）

使用『標點符號』還是近百年的事，有了它，再讀經過標點的古人的書要方便得多了，也好理解書中的內容。但標點古書的人也有疏忽，標點錯了，影響就大了。上面引述的兩個文句，就是因爲少了兩個『瓜子點』，誤導了人們的思路。

〔二〕

『五、十以學易』的出處是《論語·述而》。全句是『子曰：加我數年，五、十以學易，可以無大過矣。』

假如不知道自然數自一到十，十個數字的由來出自『易有太極』；不知道『太極圖』是立體的，而不是平面的；不知道五與十是八卦數以外的，由人掌握、運用的兩個數，是無法理解五與十兩個數的真正內涵的，這也就難怪歷史上因『五、十以學易』引起的不同見解。這也是兩千多年來，人們沒有得出一個正確的結論的根本原因。

平面『太極圖』黑、白雙魚的示意是多方面的。黑白表示陰陽正反兩面。魚眼表示陰陽的互根互藏。更要考慮太極反復以成全體的『終始如一』。『太極圖』成體，『三圓三個一』疊起來就是『乾』卦。三爻才能成象，所以說『成象之謂乾』，這是『乾知大始』，也是『太極圖』所以能夠包羅

萬象的注脚。

陰陽原是對待的總名，易是講陰陽的對立統一的。有陽就有陰；有奇就有偶；有正就有反；往來動靜，虛實相乘；都是自然而然的現象。所以『效法之謂坤』是緊跟著『成象之謂乾』來的。君不見『坤六斷』與『乾三連』的虛實相乘嗎？乾坤既立，六子相應產生，虛與實相互出入往來，變動就多了，擴充大了。但總的說來，有『一』定的規律，正像自然數順序等差『一』的規律一樣：『兩個奇數之間必定是偶數，兩個偶數之間必定是奇數』。八卦的『三爻成象』即是三個數，來自『太極理數』，每一個卦是由動變中的三個數組成，所以平衡祇是瞬暫，運動才是永恒，完全符合自然規律。從時空連續的『宇宙觀』看來，百年祇是一瞬。

太極十個數是由『太極體一』剖析得來，十就是一，一也是十，十比一祇多了個零，層次向前推進了『一步』。十個數中，一、二、三、四、六、七、八、九是『八卦』入用的數，而五與十却是由人掌握運用的體與用的數。五踞中心爲體，十分二五爲用，與『三五合一』，『三位一體』的含義相同。而陰陽魚

的『黑白眼』加上『球心』示意『六爻之動，三極之道也。』所以，五與十是『太極理數』的關鈕，也是十個數中關鍵的兩個數。

孔子說：『五、十以學易，可以無大過。』是他的權威論述，是『有以見』『太極理數』才可以下斷語的。因此，五與十中間的『頓號』是決不能少了的。

〔三〕

『幽贊於神、明而生蓍』這一句出自《說卦傳》首章。全章七句：『昔者聖人之作易也，幽贊於神、明而生蓍，參天兩地而倚數，觀變於陰陽而立卦，發揮於剛柔而生爻，和順於道德而理於義，窮理盡性以至於命。』

『幽贊於神、明而生蓍』是運『數』追踪的發端，由於神與明中間少了一個『頓號』，從而誤導了人們的思路。

玩味這一章全文，除了第一句以外，後面六句都是從對待的角度來說明事理的。三到七句既然使用了『參天兩地』、『陰陽』、『剛柔』、『道德』、『性

命』等對待的字眼，第二句也應取得一致，何況幽與明本來就是對待的。

『神』的解釋不是『鬼神』或『神明』的『神』，而是指『卦炁』說的。這個『神』字要與《繫辭上傳》中『神無方而易無體』聯係，更要與《說卦傳》第六章『神也者、妙萬物而爲言者也』的『神』字挂上鈎。『神』指『卦炁』，祇有炁(氣)才是無方無體、無處不有而且無孔不入的。『天地絪媼，萬物化醇。』，炁氣氤氳，才能是『妙萬物而爲言』。

不知人們是否注意到了，在這第六章裏没有提到『卦名』，『艮』是唯一的例外。震、巽、離、兑、坎用雷、風、火、澤、水表示，根本不提乾坤兩卦。艮示卦名以全『終始』。所以說『終萬物、始萬物者，莫盛乎艮。』通章的結論是『故水火相逮，雷風不相悖，山澤通氣，然後能變化既成萬物也。』本章承前章『帝出乎震』來，相互之間，當與先、後天八卦方位有關。成終成始，以艮爲言，所以『數字卦』一與六出現的次數最多。

〔四〕

『幽贊於神、明而生蓍』是『幽明互理』的一種方式，它通過揲蓍算數，『四營而成易』、『十有八變而成卦』來完成。這裏所說的『幽』與『明』也表現了『卦炁』與『卦象』的不同。『卦炁』不可見，所以是『幽』。但天地循環的一炁，可以通過日月運行的軌跡追踪它。所以才有『變通配四時』、『變通者，趣時者也』的文句。『卦象』則不同了，揲蓍數數以排成『六爻卦』是『明』擺著的。所以才有次章『將以順性命之理……故易六位而成章』的文句。『立地以成位』，所以是『剛柔者，立本者也』。

因此，『幽明互理』不可混淆。『幽贊於神、明而生蓍』，神與明中間的『頓號』也是決不可少了的。

〔五〕

『卦象』都是三爻卦，三爻成象嘛。所以由於三爻中陰陽爻的『組合』不同，『排列』成八種『卦象』。

天地炁運循環，萬物生息在變。『道有變動，故曰爻』，所以是『因而重之，爻在其中矣』，而『爻也者，效天下之動者也』，可以相互參證。

重卦六爻『兼三才而兩之』，天、地、人各佔兩爻。這裏面蘊藏著虛實、動靜、陰陽、逆順等時、空與物三者間相互關係的道理。《繫辭下傳》首章明示：『剛柔者，立本者也，變通者，趣時者也。』如果不知道剛柔，本且不立，怎樣變通？

剛柔既可以指『在天成象，在地成形』的『卦炁』與『卦象』，更是指數兩兩組合的『炁』與『形』。不是『數』如何『相推而生變化』。

邵康節說：『陽來則生，陽去則死，天地萬物生死主於陽，則歸之於一也。』

又說：『不知乾，無以知性命之理。』讀了上面的文句，可以知道《乾》卦所包含的內容了，也可以知道孔子《文言》祇乾坤兩卦才有，并且《乾》卦着墨最多的緣故了。

〔六〕

永恒的運動與相對的平衡是自然的規律。

『卦炁』來源於天地炁運循環的永不停息；『卦象』表示在萬物生化的瞬暫平衡。重讀乾卦彖辭『大哉乾元，萬物資始，乃統天』一節，可以發人深思。

六　人類已進入『數字世紀』，到了還『八卦』本來面目的時候了

（一）

我國民間歷來就有不少人相信『八卦』祇是占卦算命的，對《易經》卻有一種特殊的神秘感。學者們則自漢至今對『易』的象、數爭論不休，兩千年過去了，也沒有爭出一致的結論，仍然是衆說紛紜，莫衷一是。

在我國還沒有文字以前，先有了『八卦』的『象』，我國的『象形文字』是由『卦象』引伸出來的。說它是中華文化的源頭，是不會有人反對的。

傳說中是伏羲『始作八卦』然後才有《本經》和《十翼》。從發展的眼光看，

易圖、《本經》與《十翼》，已構成了一個完整的易學體系，大概也不會有人反對了。因爲三者共同的『載體』是『八卦』。

秦始皇焚書，傳說《易經》是作爲『卜筮之書』被保留下來的，易圖卻『莫明其妙』失傳了。千餘年後，才由華山道士陳希夷傳出。因爲陳是道家，沒有被儒家接受，把它叫作『易外別傳』。其實，孔子是在伏羲以後三千多年才出世的。在孔子以前，黃老之學早就盛行。

〔二〕

由於漢初易圖沒有流傳下來，孔子《十翼》的『十』被漢儒有意識誤導了。原來『十』是『字象』，要會意一橫一直是表示陰陽的相交。意思是與『易以道陰陽』吻合的。並且，十個數就是從『太極』體『一』引伸出來的。但是，易圖既然被『毀』失傳，湊『翼』十篇已是順理成章的事了。要理解『十』的真實含義也就很難了。由此『導致』漢儒割裂《本經》，雜湊成十篇文章說是孔子的《十翼》。千百年來，根據這一說法，這就從根本上把『易學』的原始資料搞亂了。《本經》祇剩下乾巴巴的『卦辭』和『爻辭』，更加使人相信《易經》祇是占卜的書了。

〔三〕

易圖在漢初的『神秘失踪』，使由『一』演繹的『太極理數』也失傳了。因此，歷代的儒家對於《本經》中的『剛柔』、『終始』、『爻位』、『陰陽動靜』、『順理成章』等等，從來没有人能够解釋通順。古人猶可，『逢疑則默』的多，現代人就不同了，『敢』字當頭。這樣下去，究竟要到甚麽時候，才能還中華文化源頭『八卦』的本來面目！

〔四〕

人類社會已進入『數字世紀』，『電腦』的基本原理『二進制』與『易有太極』體本『一』演繹的『十進制』具有『同一性』，可以互換。說實在話，『八卦』是中華文化的源頭，但『八卦』却是由『太極理數』演繹出來的，所以返本還原，理是從數出來的，數是本於『終始一元』自然規律的。數理理數，相輔相成。自然的數從『一』開始，正、負兩邊可以增長無窮無盡，但左右對稱相加，仍然是一個〇，不妨把它看成是『無極』。由『無極而太極』演繹下去，這就是『生生之謂易』。所以『數是上帝用來描繪宇宙的文字』。『數學是科學之母。』結合《繫辭傳》『夫易廣矣大矣……』一章，『易有太極』是否具有『宇宙架構』的哲理，是否與『零態信息』有關，這將是大有研究價值的。

近數十年來，《河圖》、《洛書》、帛書《易經》及『數字卦』相繼從西漢初年的古墓葬中和殷商、西周遺址中被發掘出來，考古學的興起，將可以逐

漸證明：在我國歷史上『易學』的發展，確有一段時間由於没有了易圖，迷失了方向，偏離了正軌。因此，對於前人有關『易學』的著述，必然要有所選擇了。

〔五〕

我研究『易學』是從懷疑『太極圖』是立體而不是平面開始的。摸索了若干年，後來有幸得到高人的指點，又經過若干年演繹『數理』，參證《經》、《翼》，反復琢磨，前後歷時半個多世紀，終於明白了，如果没有太極、河、洛表達『數理』的易圖，是不可能懂得孔子《十翼》的真諦的。孔子當年也是因爲有了易圖才『有以見』數的。没有了易圖，研究『易學』必然會迷失方向。

〔六〕

讀孔子《十翼》要前後文對照、悟解，決不可斷章取義。

《繫辭傳》中『易有太極』一段文字要對照前文『夫易廣矣大矣』一章。參證後文『易之爲書也』的八、九、十那三章，怎麼想也難說『太極圖』是平面的。肯定了『太極圖』是立體，並且可以象徵地球繞太陽運行一周爲一年的自然規律，許多問題就迎刃而解了。所以，才有『廣大配天地，變通配四時，陰陽之義配日月』一段文字，天、地、日、月叫作『先天四象』，有『數序』可尋。

『易有四象，所以示也。』四象有『卦炁』與『卦象』的不同，要能够區分，祇有演繹『太極理數』。不可忘了『化而裁之謂之變，推而行之謂之通』是相應『一闔一闢謂之變，往來不窮謂之通』來的。同是『變通』而有自然而然與效法推行的不同，這就是研究『易學』的『終結』。

〔七〕

『易』在天地未生以前就已經有了。前人有『易』道生天、生地、生人、生物的說法，實際就是說的『自然規律』，時空相續，永不停息。自然之數從一數下去，永遠也數不到盡頭，因爲是『易窮則變、變則通、通則久。』『一』、『易』同根，『一』是體而『易』是用。

『易與天地準，故能彌綸天地之道。』然後才是伏羲『始作八卦』以通神明之德，以類萬物之情。『易』與『八卦』，很自然地從天地『數運』的一炁迴環到『八卦』見象、生物，這是『易學』由『無』到『有數有象』的發展。伏羲總結了前人的成果，也是文字的開始。又經過了幾千年，到了文、周繫辭於卦、爻之下，傳到了孔子贊易『注解圖經』，『易學』已經由無文字發展到有文字，成爲《圖》、《經》、《翼》統一、完整的易學體系了。孔子以後的儒家，如果祇是在歷史的長河中，從有文字以後找尋『八卦』

的根源，是永遠也達不到『目的』的。這已經由過去兩千年的歷史證明了。《易經》難道真是『占卜之書』嗎？甚麽時候才能還《本經》『用分外内』的原貌?!

〔八〕

太極、河、洛三個『數圖』的不傳，即是『太極理數』的失傳。現在，《河圖》、《洛書》既已從漢武帝實行『崇儒』政策以前二十五年的西漢墓葬中出土，《圖》、《書》爲宋人臆造之説，已徹底破滅。可是，又該怎樣面對傳統的『易學研究』呢？這一個問題難道不值得人們深思?!

不管前人怎么説，作爲現代人應當根據考古結合歷史，重新認識《易經》，還『八卦』源出於數的本來面目。『數字卦』、《河圖》、《洛書》與『帛書易經』等的出土，它的重要意義就在於此。

〔九〕

兩千多年前，由於歷史的原因，易圖消失，『易學』發展偏向『義理』。兩千多年過去了，人類已進入『數字世紀』，近數十年《河圖》、《洛書》及『數字卦』的相繼出土，證實了『八卦』源出於『數』。因此，還『八卦』本來面目的時機已經成熟了。

要追溯到沒有文字以前，考證是難以憑信的，真正最好的證據是『數理』。最有權威的發言人是孔子，他的『五、十以學易，可以無大過』應當被重新認識。爲了振興中華文化，要吸取宋初所謂『易外別傳』的教訓，消除成見，群策群力，才能使『易學』發展走上新的征途，中華文化大放異彩。

七　『太極理數』與『生生之謂易』

（一）

『太極理數』是大易的源本，八卦就是由此演繹出來而動變莫測的。『生生之謂易』是大易『窮、變、通、久』的『寫照』。

傳統文化的《易經》，自漢武帝實行『罷黜百家、獨崇儒術』政策，當時的儒家爲了迎合統治者的需要，加之本身利益驅使，必然要抬高孔子的地位與權威，因此，不惜對中華文化之源的《易經》做了手脚，毀去《河圖》、《洛書》，連僅四十字的『口訣』也不許留下痕迹，從而截斷了大易的根源；雜凑《十翼》十篇，既破壞了《本經》嚴謹的結構，又掩蓋了孔子贊易衹是『註易』的本質，

對後世的影響極爲深重。經過兩千多年來的風風雨雨，現在，人類已進入『數字世紀』，到了恢復八卦本來面目——源出於數的時候了。

〔二〕

世人皆知『易』是中華文化的源頭，『一』是自然序數的開始。但『一』更是『太極理數』的根本，剖析太極體『一』而『河圖』天地五行生成十數俱全；『物物一太極』用五主中樞而『洛書』九數爲用變化不測。所以，『太極理數』以『河圖』爲體，『洛書』爲用，全在太極體『一』的包容之中。大易真源，『一』爲體而『易』爲用，人法自然，有『一成不變』的規律。

〔三〕

流傳至今的『先、後天八卦圖』祇是『象圖』，更有『數圖』。祇有通過『數圖』才能懂得孔子贊易《十翼》即是『註易』的真趣；才能進而探索《本經》『窮理盡性以至於命』、『順理成章』的真諦。

八卦『數圖』從剖析太極體『一』得來。（詳參前文《河洛一源圖說明了些甚麽》以後再接下文。）

太極體『一』三分八瓣的每一瓣象徵一個卦，含有四個數。『球弧』一個數，『切面』三個數，分別代表『內炁』、『外形』。根據『三三法則』，四個數聯系起來，可以寫成如『八三四一』，八四爲形，三一爲炁，炁、形即是剛柔。八瓣依此爲例，謂之『八綱』。『四八三十二個數』相應天、地、圓、方、乾、坤、離、坎『八序』。然後根據《說卦傳·天地定位》一章組合成文，『因而重之』以見『七、九往來，時、空相續』之義，如後圖所示：

一	六	七	八	二	七	六	九
一	六	三	二	二	七	四	一
一	四	七	二	二	三	六	一
九	六	七	二	八	七	六	一
九	四	三	二	八	三	四	一
九	四	七	八	八	三	六	九
九	六	三	八	八	七	四	九
一	四	三	八	二	三	四	九

天、地、日、月叫作『先天四象』，地球上還没有出現人類以前就先有了它。四象四序，圖示極明，所以孔子有『易有四象，所以示也』之訓。天乾九、地坤一象徵空間；日離三、月坎七象徵時間，是爲七九往來，時空相續。萬物得『一』而後生，『與時偕行』而又『與時偕極』，所以『三才通理』七、九與一象徵時、空與物，而『一』是立象的『數據』。精研《説卦傳・將以順性命之理》一章，自得其要。

〔四〕

八八成方的『數圖』，十字中分爲四個小方圖。東南至西北對角綫上兩小方，『八卦成列，象在其中矣』相應『先天方圖』是爲『卦形』。而東北至西南對角綫上兩小方，『因而重之，爻在其中矣』相應『先天圓圖』，是爲『卦炁』。方圓一統，形炁交生，『剛柔相摩，八卦相盪』，感而通之，變化出矣。

兩條對角綫上諸卦，其中每卦四個數，組合同而排列次序可以不同。兩兩

三三以全反、復、順、逆、炁、形、同、異『八義』，無不是『剛柔相推而生變化』。所以是『剛柔以立本，變通以趣時，順理而成章』，這是《本經》的旨歸。

〔五〕

圖中每一個數，都是活動的數，因爲萬物未生前，並無所謂『象』，更無所謂『數』，都是人根據一定的法則在操縱。所以說，『神也者，妙萬物而爲言者也』，而『神而明之，存乎其人』。

《先天六十四卦方、圓圖》方、圓分見兩條對角綫兩個小方圖。邵康節說：『裁方而爲圓，天所以運行；分大而爲小，地所以生化。故天用六變，地用四變也。』可以參證。

〔六〕

《河圖》天地五行生成全數有十個數，八卦衹有一、二、三、四、六、七、八、九共八個數，而五、十兩個數由人掌握，孔子已有加年以學的權威論述，八八六十四卦衹是『太極理數』的一個階段。

『生生之謂易』故『物不可窮』。天地人永不息！

中華文化永放光芒！

八 『闔闢乾坤數息圖』是打開『易學之門』的金鑰匙

（一）

自『一』演繹得來的『太極理數』有『一成不變』的乾、坤『數序』九四三八、二七六一，一虛一實，兩兩相交；左右顛迴，三三錯位，示意一闔一闢，故可定名爲『闔闢乾坤數息圖』。古人讀易，左『圖』右『書』，應當是指的這個圖，祇有通過這個圖，才能懂得孔子翼《易》即是註《易》的道理，不致被漢儒亂《經》湊《翼》之説所蒙蔽。此外，這也是『卦序』乾一、兑二、離三、震四、巽五、坎六、艮七、坤八的由來。

〔二〕

本圖屬方，示意『地道生物』。十字穿中分成四小方，兩條對角綫上的乾、坤『數序』東南到西北的一條爲『八卦成列，象在其中矣』。西南到東北的一條爲『因而重之，爻在其中矣』。兩者爻位分明，這應當是戰國竹簡本《易經》中有黑色、紅色符號區別的由來。（見一九九九年七月二日《參攷消息》題：『戰國竹簡國之重寶·中國古史一大驚奇』。）

〔三〕

兩條對角綫上的『數列』祇是重復使用『八綱』。『八綱』的兩兩組合，是爲『四象』；三三錯位，是爲『七九往來』。『八綱』的每一綱『數列』中都包含形、炁，形炁即是剛柔。『剛柔相推，變在其中矣。』，一部《易經》，『繫辭焉而命之，動在其中矣』。要義在一個『動』字，相應『極天下之賾者存乎卦，鼓天下之動者存乎辭』，而『辭也者，各指其所之』，所以，卦、爻之辭祇能會意，不能直譯，直譯失去了『動』的原則。

〔四〕

識透本圖，要能化裁通變，可從下面引文入手。

『天地設位，而易行乎其中矣。』

『乾坤成列，而易立乎其中矣。』

天、地、乾、坤是『八序』中的四序，如果將乾、坤『數序』取它對宮的數即『顛倒合十』，相應『天下之動，貞夫一者也』的原則。於是，『返本還原』，全圖示意大烝充塞，橫列的『數序』變成不是九八七六的『天序』，就是一二三四的『地序』了。

所以『周易參同契』說：『天地設位，而易行乎其中矣。天地者，乾坤之象也；

設位者，列陰陽配合之位也；易謂坎離者，乾坤二用。』可以相互印證、悟解。

〔五〕

『八序』中的坎離二序也代表日月，這是『日月爲易』的真實内涵。

先天四象，天、地、日、月各有『數序』。『參伍以變，錯綜其數』，表示時空相續。人物寓於其中，成方成圓，有『一定』規律，也就是『乾道成男，坤道成女』。萬物的生生化化，『與時偕行』而又『與時偕極』，所以説：『是故法象莫大乎天地，變通莫大乎四時，懸象著明莫大乎日月』，而『易有四象，所以示也。繫辭焉，所以告也。定之以吉凶，所以斷也』。繫辭是根據『四象』數序的動變相應寓意的，而『吉凶者，失得之象也』，示意失『一』或得『一』内中蘊藏著吉凶，與『變化者，進退之象也』數數間的『一進一退』有不同。

〔六〕

『闔闢乾坤』是自然的規律，有『一成不變』本質的數。『易之爲書也，原始要終，以爲質也。六爻相雜，唯其時物也。』前一句是説繫辭根據『四象』本質的數來，後一句『唯其時物』告訴人們怎樣調整六爻的『動變』。『變通者，趣時者也。』『變通莫大乎四時』，而四時有定序。

〔七〕

本圖是『君子於易、玩象、玩數、玩辭、玩意』的總綱領。這是古人讀易、卜易左『圖』右書的需要。

圖中所有『數序』、『數組』横成列、縱成行，兩兩組合、斜貫三三，結構十分嚴謹，原是從一個『太極球』衍來，因此，决不能忽視它的『整體性』，

不然，『易簡而天下之理得矣，天下之理得，而成位乎其中矣』的要領就不容易悟到了。

〔八〕

『成位乎其中』是說『萬物得一以生』，得地以『成位』。

太極十個數，可以分成三組：九八七六合成『天序』示意天，一二三四合成『地序』示意地，五與十一體一用，由人掌握。五主中樞爲體，十分二五爲用，天地十數全，『此所以成變化而行鬼神也』。『鬼神』示意『幽』，『行鬼神』是說『幽明互理』。

老子說『道生一，一生二，二生三，三生萬物』，是說『三爻成象』代表天、地、人，所以說『成象之謂乾』。

孔子說『吾道一以貫之』，本圖原是自『一』衍來。『五、十以學易，可以無大過矣』，五、十兩數，圖中示意十分明顯。

〔九〕

人類寓意於數是從我國的『八卦』開始，而『八卦』構成『一成不變』的『乾坤數列』，這是自然的規律。

『乾坤其易之縕邪！乾坤成列，而易立乎其中矣。乾坤毀則無以見易，易不可見，則乾坤或幾乎息矣。』參照前文『是故闔户謂之坤，闢户謂之乾，一闔一闢謂之變，往來不窮謂之通。』，孔子的『易註』說得够明白了。

〔十〕

本圖原是由『夫易廣矣大矣』一章中『以言乎邇，則静而正』引伸衍來，『一』『止』本『正』，萬物得『一』以生，七九時空，已在『三爻成卦』中。八卦的『乾坤數序』時空相續，掌握萬物生化的終始。

『成象之謂乾』内蘊玄機。所以《乾象》説，『大明終始六位時成，時乘六龍以御天』，位曰時成，爻曰時乘，爻位分明，應有所指。位静而爻動，一動一静而變化可見矣。

本圖示意是讀易的準繩。圖中四小方共有八條對角綫，衹有『大方』的兩條對角綫『乾坤數序』全才是『闔闢乾坤』。對角綫交叉兩端均可無限延伸，所以説：『以言乎遠則不禦。』全圖數數兩兩交叉，均可見到『五』的因子，示意『以言乎天地之間則備矣』。

上下、前後、左右叫作『六合』，『六合觀文』就是『參伍以變，錯綜其數。』懂得了這個道理，再看本章後文的寓意。

『廣大配天地』是説空間；『變通配四時』是説時間；『陰陽之義配日月』是説萬物的生化；『易簡之善配至德』專指人事。

『易簡之善』落實在一個『善』字，『三三謂善還稱本，七九爲根又是源』。『數理易微』的要義不多，概括起來，可用『三三九七』四個數表示。

〔十一〕

『易學體系』的完成，經過伏羲、文王、周公、孔子，歷時前後長達四千多年。

文王繫辭，周公補充，文、周與羲、孔生世相去久遠，前去三千三百多年，往後六百餘載，怎麼能够授受相承，關鍵就是這個圖。所以說『先聖後聖，其揆一也。』

『易有太極』，太極即『一』。不管是八卦的『象圖』或『數圖』，都是從『一』衍來。

〔十二〕

以上叙述的引文都來自《繫辭傳》，已可見孔子翼易即是註易的一斑了。

『闔闢乾坤數息圖』是本體：『化而裁之謂之變，推而行之謂之通，舉而措之天下之民謂之事業。』，人法自然必須通過化裁，制器尚象十三卦已列舉一些業績。試想黃帝時的從龍諸臣，都有各自的建樹，應當是得力於沒有文字的易圖。

孔子說：『八卦而小成，引而伸之，觸類而長之，天下之能事畢矣。』很值得後人的深思。

〔十三〕

『八卦成列，象在其中矣。』，斜貫兩『小方』的『行列數』，橫見『八綱』，縱見『八卦』。八卦的每一卦都有四個相同的數，一個數『定位』，三個數『運行』。『運行』者，爻也。『天地設位，而易行乎其中矣。』相對往來，所以是『六爻之動，三極之道也』。

據此，一個卦的三爻，演成三個『變數』，這就是易學的精髓『三易之變』

了，明確了這三個易的『動變』才能算得上是『八卦而小成』。

但這也不過是入了易學之門，可以研習《本經》，探索天地萬物生生化化的道理而已。

※　※　※

兩千多年前，由於『崇儒』而『尊孔』，毀《圖》、亂《經》以湊《翼》，破壞了『易學體系』。從此，易學失去了源頭，也將後世學易人的思路引上了歧途。

現在，漢初墓葬中的《河圖》、《洛書》『重見天日』，漢初《河圖》、《洛書》尚存已有『鐵證』，有理由懷疑亂《經》湊《翼》的問題了，何況宋初『易外別傳』的故事已有教訓。

國家號召復興中華文明，因此，修復『易學體系』，《彖》、《象》歸《經》，『翼』易還它『註』易的本來面目，這已不是一件小事了。

宣陽子金文傑於青島
二〇〇一年七月十三日

附錄

一　重讀陳希夷《易龍圖序》詠解七言九首

（一）引　言

研究我國傳統文化，應還其本來面目，已爲國內有識之士所公認。而傳統文化首推易學，以其爲中華文化之源也。易學體系，統《圖》、《經》、《翼》，皆宗八卦。由於歷史原因，孔子歿後，佚《圖》失源，斷《翼》失真，真源既失，漢至宋初千餘年間無復言圖，是故華山道士陳希夷雖傳出圖書，以其爲道家，

被目爲『易外別傳』而不知易學真源之始於有數也。易學根源河、洛。伏羲『始作八卦』在未有文字之先，是以求索『八卦真源』決不能在有象之後。宜陽少時存此『信念』，其後得高人指引，因立志弘揚易學，歷經五十餘年，演數根據《圖》、《書》，述理參證《經》、《翼》，卒有小成，固知人之寓意於數，始自大易，因著《大易探微》了我平生心願。

猶憶少時曾見陳希夷《易龍圖序》，雖不解而善其文，録存已逾半個世紀未嘗檢視，《大易探微》二版書成問世，八卦源清，復驗法規，因搜出再讀而深有感觸，以前此演數悟意之有據矣。

詠解七言九首，並陳文附後，或將有助於易學之發展歟！是爲引。

〔二〕　陳希夷：《易龍圖序》

且夫龍馬始負圖，出於羲皇之代，在太古之先，今存已合之位，或疑之，

况更陳其未合之數耶。然則何以知之？答曰：於仲尼三陳九卦之義，探其防所以知之也。况夫天之垂象，的如貫珠，少有差，則不成次序矣。故自一至於盈萬，皆纍纍然，如絲之縷也。且夫龍圖本合，則聖人不得見其象，所以天意先未合而形其象，聖人觀象而明其用。是龍圖者，天散而示之，伏羲合而用之，仲尼默而形之。始龍圖之未合也，唯五十五數。上二十五，天數也。中貫三、五、九，外包十五，盡天三、天五、天九並五、十之用，後形一、六無位，又顯二十四之爲用也，玆所謂天垂象矣。下三十，地數也，亦分五位皆明五之用也。十分而爲六，形地之象焉，六分而幾四象。地六不配。在上則一不用，形二十四，在下則六不用，亦形二十四。後既合也，天一居上爲道之宗，地六居下爲氣之本，三幹地二地四爲之用。三若在陽則避孤陰，在陰則避寡陽。大矣哉！龍圖之變，歧分萬途，今略述其梗概焉。

〔三〕 詠解：七言九首

（一）

三陳九卦探原旨，屬意龍圖未合時；
天地循環生大德，炁行形轉位安之。

（二）

天垂數象出龍圖，散示方知以位求；
易曰生生時有序，六虛出入炁周流。

（三）

外包十五皆生數，九五居尊定位三；
將以順窮性命理，圖書體用兩相關。

（四）

中貫三才三五九，三般變異法圓方；
成乾序卦聯三極，爻位分明自度量。

（五）

道宗天一窮無極，盛艮成言物始終；
五十樞機還太極，三生萬物合時空。

（六）

五五初全天地珠，五方各位合方隅；
化裁通變三三則，九九還原一始無。

（七）

九三定局乾成象，風激雷鳴貫始終；
一旡圓明爻位互，往來七九運西東。

（八）

變動曰爻爻有等，三爻成象數相宜；
乾坤闔闢三元貫，成位於中易簡奇。

（九）

四象居方數示踪，始終有序應時中；
道生一二三生物，八卦源清一貫通。

二 《大易探微》之反思——易之所指者數，人之所貴者明

（一）

『易有太極』，太極本『一』，乃易學之總司；『參伍以變，錯綜其數』爲『數理』之運用；故自本『一』以演繹太極數以成無文字之易圖，以至『貞夫一者也』，用『一』以終始萬物生化而作有文字之《本經》，雖皆宗八卦而有『卦炁』與『卦象』之不同，不可不察也。

〔二〕

易圖凡十，自成體系。河、洛爲數算之源。一體一用，而出自太極之本『一』。易圖之純以數示者唯此三圖，太極之『一』不顯而萬象包羅，故以『一』爲道之宗焉。《大易探微》則合此三圖謂之『河洛一源圖』，擬七、九與一象徵時、空與物之統一以通理三才。

〔三〕

『太極圖』成體『三圖三個一』。『三個一』者，乾也。『成象之謂乾』，陽統陰從，『效法之謂坤』，兩者同出而異名，乾坤既定，『有天地然後萬物生焉』。觀於六爻通成陰、陽爻之變，非乾即坤，故易用九、六；而《本經》卦首乾、坤。乾象曰：『大明終始六位時成，時乘六龍以御天。』，以龍之變化寓意爻變，

位曰『時成』，爻曰『時乘』，則爻位之義，由變主之元之義見矣。故《文言》乾之用九曰『乾元用九，乃見天則』也。

〔四〕

卦成三爻，乾坤寓意父母，六爻相應六子以次交生，此則《説卦傳》第十章之立意也。八卦以中爻主變，試取『先天八卦圖』横列觀之，『分陰分陽』則『陰陽之義配日月』法規自見。故一部《易書》，擬象、繫辭，皆『有以見』數焉，是故人之寓意於數，溯其源本，始於大易也。

〔五〕

是故《説卦傳》者，源源本本，兼『卦炁』與『卦象』，説『卦』之由來也。『幽贊於神』，神主炁，炁不可見故稱『幽』，爲天地循環之一炁；『明

而生蓍』，蓍可數，揲蓍算數故爲『明』，是爲『大衍之數五十，其用四十有九』之所由。天地全數五十有五，去五以爲『皇建其有極』之基，是以『參天兩地而倚數』也。參爲三，兩爲二，二、三之和得五，故五稱小衍而五十爲大衍也；三三兩兩，又以見『二三以變』爲『數理』運用之一端焉。

卦成三爻，三三則定，動靜相兼，『剛柔相推而生變化』，故『觀變於陰陽而立卦』者，炁行形轉，八陣循環，爲自然而然之『卦炁』，因『三三七九』而窮三、七之變，相應『發揮於剛柔而生爻』也。以上説明『立卦』之本於『卦炁』之『有以見』數焉。

至於『和順於道德而理於義，窮理盡性以至於命』兩句，乃是周文王繫辭於卦、爻之下『立言』之主旨：探索萬物生化之本始，爲易用特重之一端。前此則爲天地炁運之循環，時空相續之架構，是爲『易與天地準，故能彌綸天地之道』者也。

〔六〕

一部《易書》，『立象以盡意，設卦以盡情僞，繫辭焉以盡其言……』，寓萬物生化之機於爻、位動變之中，故『設卦觀象』。『設』爲假設，『象』有待立，『將以順性命之理』者，『將』爲將要，皆未然之意。『將以順』者，闔闢乾坤，通變、化裁，以求『順理成章』也。此則《說卦傳》第二章之至意焉。

〔七〕

『易之爲書也』『約法』三章，爲《本經》綱要。匯觀其然，『不可遠』者，相應前文『夫易廣矣大矣，以言乎遠，則不禦；以言乎邇，則靜而正；以言乎天地之間，則備矣』。既『不可遠』，故擬『太極球』、『靜而正』剖析八卦形而象之，以得『原始要終，以爲質也』之『質數』，五、十樞機，虛實相乘，

是『六爻之動，唯其時物也』。六爻之動，兼時、空與物言，故曰：『廣大悉備……三才之道也。』，對應前文『廣大配天地，變通配四時，陰陽之義配日月，易簡之善配至德』，而立三才之道各有『數序』，故其義可明矣。

〔八〕

《道德經》中寫道，『天下萬物生於有，有生於無』，『無無以名，强名曰道』，『道生一，一生二，二生三，三生萬物』。反復其道，寓天地炁運循環，終始萬物生化之至理焉。一、二、三者，皆數也，一以貫通，三爻成象之義見矣。

是故八卦源清，易之所指者爲數，而人之所貴者在明。明矣!!（參閱《大易探微》及其附録百句章《大易理數撮要》）

三 七、九『數理』内則七律十二首

〔一〕

一無是處難爲本，七九時空便是源；
四象成終明本義，五行生始逐時遷；
三生萬物根基固，九轉還原法自然；
生息往來源本正，宏微一體説虚玄。

〔二〕

縱横三八位爻重，五十加持緊步踪；
二八裁通時有序，九三成局不言中；
小成立象聯三極，大衍隨方趁八風；
三一歸宗全大德，心心相印畫圖空。

〔三〕

位定爻行四序明，五行各有問來因；
坎離顛覆虛中位，順逆推排有至情；
同炁相求生感應，異名雖雜總相成；
易書内則探生化，闔闢乾坤作準繩。

〔四〕

七九時空大炁充，無中孕有動雷風；
三爻見象參天地，六位時成貫始終；
象且未生難說卦，數因故立好追踪；
遞歸二項參同理，萬物爭妍相映紅。

〔五〕

窮圖見理炁生波，顛倒乾坤法則多；
日月周天成大數，風雷導引少差訛；
逆推要識縱橫理，復見須求虛實和；
立意裁通爲世用，干支方位盡搜羅。

〔六〕

陰陽齊動看周天，太極數生滿大千；
九九還原明始處，三三基奠寫新篇；
六爻相雜唯時物，三極回旋但倒顛；
動以利用神不測，一明一了一無前。

〔七〕

易變流傳三易名，無端論代亂其真；
根源七九宗河洛，法則三三天地人；
宇宙時空存架構，虛無零態立方程；
電傳信息通無極，闔闢何如二進新。

〔八〕

一成不變動如何，二五推遷逐逝波；
地轉位安形有體，天旋爻變炁交柯；
縱橫顛叠錯綜數，順逆往來耐琢磨；
識得源頭端的處，三三七九結絲蘿。

〔九〕

卦序分宮入陣圖，三三不滅炁行周；
八綱交識通天地，八義縱横上下求；
日月中天窮變化，方圓數見主沉浮；
參同察異雙雙起，五十樞機展大猷。

〔十〕

數走縱橫明至理，分宮遞變結姻親；
行中有水天生一，一土稱王地利寧；
離坎相交誰是主，乾坤闔闢孰爲因；
還從既未求真趣，一統方圓定太平。

〔十一〕

炁運周天識徑斜，婆娑左右赤城霞；
相交喜見乾坤序，組合唯將五十誇；
六合觀文談對衬，三層察理主誰家；
八綱屬意探情僞，一合全盤玩物華。

〔十二〕

奇形偶炁費疑猜，六子乾坤孕育來；
雜卦理玄雲霧隱，分宮遞變鼓風雷；
佚圖有幸今時復，斷翼無憑古已非；
千百年來争未了，等閒文運又重開。

通俗本《大易探微・探索八卦真源》

後記

『易』是中華文化的源頭，曾經有一個完整的『易學體系』。自伏羲畫卦，文、周繫辭到孔子翼易，前後經過了四千多年的時間，這一體系才算完成。

『易學體系』包括無文字的易圖以及有文字的《本經》和《十翼》，三者一脈相承，均以『八卦』爲共同的表述形式。孔子以前，古人讀《易》，左《圖》右《書》。孔子溝通《圖》、《經》，始作《繫辭傳》。『繫辭』者，因伏羲之易，有卦無辭，文王乃繫辭於卦、爻之下，『傳』者，孔子發明『繫辭』中不明之義。孔子翼《易》祇有五篇。《十翼》云者，『十』字的一横一直取義『陰陽之交』

與『日月爲易』吻合。

『易學體系』由孔子最後完成。就在孔子死後兩百多年，由於『崇儒』而『尊孔』這體系遭到破壞——毀《圖》亂《經》以湊《翼》——破壞既全面又徹底，從此，易學失去了源頭，也將後世學人的思路引上了歧途。

自漢武帝至今，兩千多年過去了，易學發展風風雨雨的歷程，教訓極爲嚴酷而深刻，已毋庸多說了。

新中國成立後，近年來，隨著漢初墓葬中《河圖》、《洛書》的『重見天日』，漢初《圖》、《書》尚存已有『鐵證』，也有理由懷疑亂《經》湊《翼》的問題了。可是兩千多年來，由儒家獨領風騷鑄成的『傳統習俗』雖有宋初『易外別傳』故事的教訓，仍然很難改變。二十年過去了，並沒有聽説因漢墓《圖》、《書》出土而在修復『易學體系』方面有甚麽大的舉措，而這一修復『易學體系』的任務應當是由我們這一代人來承擔的。

※　※　※

『易學體系』三個組成部份，無文字與有文字很好區別，而有文字的《本經》

和《十翼》就不那麼容易論斷了。何以見得《彖》、《象》離《經》就是亂《經》，孔子《十翼》不是十篇文章，古今典籍，查無實據，而據『傳統』所説是經過歷代學人的考證，也從來没有人提出異議。可是不要忘了孟子説過：『盡信書，則不如無書。』在有文字以後，前人的考證，根據又是甚麼？而『八卦』發源於未有文字之先，怎麼能在有象之後去找尋根據呢？要解決這一根本性的問題，必須探索中華文化的源流。

人類寓意於數，是從我國的『八卦』開始。而『八卦』自『易有太極』，太極體『一』衍來。有『一成不變』的『乾、坤數序』九四三八、二七六一。所以，通俗本《大易探微（通俗本）——大易源流概説與先天方圖的數理剖析》在概説大易源流以後，説明『八卦』淵源，這不論『象圖』或『數圖』，都是從『一』衍來。《河洛一源圖》用七、九與一這三個數代表時、空與物，示意『三爻成象』而『通理三才』。最後傳出《闔闢乾坤數息圖》，完全引用孔子《繫辭傳》中文句以解釋本圖，以見孔子翼《易》即是註《易》的本來面目。孔子有『加我數年，五、十以學易，可以無大過矣』的論斷。數字進化以數爲據，易學權威莫過孔子。重温他的自叙，便可以釋然了。

漢武帝由於『崇儒』而『尊孔』，破壞了『易學體系』。兩千多年過去了，往者已矣，來者可追。是不是破壞已很清楚，該不該『修復』也很明確。其實，現在講『修復』並不難，因爲易圖已復，糾正亂《經》凑《翼》衹是觀念的轉變，《彖》、《象》歸經，還孔子翼《易》即是註《易》的本來面目而已。不過，所有歷代《易》註，將要重新審訂了。去粗取精，去僞存真，這是復興中華文化的需要，爲天下後世計的需要。

本書最後附録文言文的兩篇，七律十二首以回觀詩、文體《大易探微》，有興趣於易學的讀者，可作進一步探索。

宣陽子金文傑於青島

二〇〇一年七月卅一日

跋一

父親與《大易探微》

大家都知道《易經》是一本難念的經。八卦究竟是根據什麼來的呢？父親從《河圖》、《洛書》入手，經過了半個世紀的探索，才確認八卦真源是根據奇、偶數原理而來的。德國數學家萊布尼茨提出的電腦基本原理（二進制）就是從我國八卦陰陽爻符號得到啟發，是奇、偶數排列組合原理組成的。

我父親積五十年之功力，經過了許多的磨難，以驚人的毅力，撰成《大易探微》學術專著！一九八八年出版了《大易探微》第一版。一九九二年出版了《大

易探微》全集，該書曾獲北方十五省市哲學社會科學優秀圖書獎。二〇〇一年八月父親仙逝。根據父親臨終囑托，二〇〇二年七月我又出版了父親二〇〇一年撰成的《大易探微（通俗本）——大易源流概說與先天方圖的數理剖析》。

著名學者周穀成生前（一九八九年）閱讀初集後致函稱：『初次拜讀，即覺體大思精，令人敬佩……且以詩體出之，誠不易得者。』原山東大學教授易學研究室主任劉大鈞曾說：『《大易探微》以圖像求數理的研究方法有其重要的學術價值，它填補了有關這方面研究的一項空白。』全集的問世，还受到範澄川、任繼愈、潘雨庭、鍾啟祿（美国易經協會會長）、潘力生（美籍华人学者）、施稼聲、張心語等人的支持和幫助。

還是在『文革』以前，父親就開始研究易數了，為了研究地球運動，他在乒乓球上鑽上對稱眼，穿上小木棍，象征地軸，畫上線條，寫上數字拿在手中，反複琢磨，潛心思考，一得到啟發，就隨時記下來。我兒時玩的一個小毛球，也成了父親的一個研究工具。球上畫上三圓，分球體為八瓣後，從中悟得許多易理。

『文革』期間，為了掩人耳目和便於攜帶，父親演『易』用的全是封皮标有100k字樣的紅皮小本子。只有在晚上，父親才能在燈下演數、畫圖。整個大院我家的燈總是亮到後半夜。高度近視，加上常年用功，一九七五年底終於轉爲白内障，父親離開了工作崗位，在家裏接受治療、研究易学。眼病讓父親的視力受到了很大的影響，在強光下才能看清文字和數，於是父親叫我在小本子上畫上粗黑線，父親就用尺子比著，在粗線上觸摸著寫。畫上藍方格，就在藍方格内摸索著填數，一雙病眼幾乎貼在了小本子上。雙目矇眬，演『易』工作就更加困難，最後只有用小直尺比著，在紙上摸著寫，往往不是走行就是兩字重疊。

很長一段時間父親在走路、坐車時，總是想著『數』，他的枕邊放著鋼筆、手電筒，枕下壓著小本子，有時睡夢中想好一首詩，就摸出枕下的小本子、筆和手電筒。手電筒微弱的光線，伴著父親的手和筆忙碌不歇，直到寫好再睡。父親有時在廁所内突然靈感來了，提著褲子出來，先把想好的詩句寫下來，再紮好腰帶。有不少诗句就是父親在這種情況下寫出來的。

失明後的十三年中，父親幾乎成了『易癡』。幾十年來家中的困難，疾病的纏繞，並沒有使父親屈服，为獲得易學真諦，父親演數用的不算紙張，單單小本子就用了二百多本，圓珠筆芯也用了二百多根，鋼筆用了十多支，去湖南拜師學習六七次，有關書信來往二百封左右。這期間父親搜

二十世纪六十年代初的父亲

集了不少第一手資料。『只有數才能穿透時間和空間，演數是我的曆史任務。』為了這個目標，父親幾十年如一日，不顧一切奮鬥著，在包羅萬象的易學中，學有師承，以數字研究自然規律，證實人類寓意象、數，始自大易！

一生不圖名、不圖利，兩袖清風，為了弘揚中華文化，振奮民族精神，以超凡的毅力，在生命的晚年，父親又開始了《大易探微（通俗本）》——大易源流概說與先天方圖的數理剖析》的寫作。在多少個不眠之夜，父亲把《易經》的正本清源，當作自己的使命，甚至在醫院的病床上，把生命拋之度外，仍然

是不間斷地寫。《大易探微（通俗本）——大易源流概說與先天方圖的數理剖析》寫作最後的完成，就是在病重時，父親不聽家人和醫生的勸阻，嘔心瀝血用盡了平生最后的精力，為其畢生的追求，為弘揚中華文化，畫上了圓滿的句號！除了吃飯、睡覺，父親為研究易學所付出的精力，是我們無法用語言訴說和數字計算的！如今父親已走十几年了，但他在中華民族易學史上，七九演先天，正本清源的探索精神將永遠流傳後世！

金慧

於二〇〇二年五月　二〇一六年四月修改

1987年，父母与美國易經協會會長鍾啟祿先生(中)于濟南合影

跋 二

我欲鳴琴頌流水

題記

圖經翼貫理真詮，演易應推衍一先；
要釋剛柔通象數，須宗河洛證方圓；
佚圖既復難多士，斷翼宜糾惜後賢；
我欲鳴琴頌流水，遺音絕響越千年。

——金文傑《大易探微·理玄篇下七律四十九首之三》

萬籟俱寂的夜，我在燈下校對爲父親再版的《大易探微》清樣，又看到了題記所選父親的詩。『我欲鳴琴頌流水，遺音絶響越千年』在我腦中縈繞盤旋，令我百感交集，我覺得有必要再寫一篇『跋』以表達我此時此刻的感想。

中國文化歷史悠久，底蘊雄厚，從上古伏羲到文王周公、老子孔子，直至而今綿綿不斷，是世界上古文明延續至今唯一的國家。

一八九九年德國傳教士衛禮賢來到了中國的青島，建立了衛禮賢小學，一九〇五年從青島到了北京，在中國的二十年之間，他把中國的《易經》翻譯成德文，用到德國語文教材裏。《易經》包羅萬象，是人類生存發展的解碼秘典，也許衛禮賢參悟了不少吧？

《經解》謂《易經》教人心地純潔，思維精密，行事不違正道。馬王堆漢墓出土帛書《要》早就提出以德爲占，所謂『求其德義耳』，以知爲孔子教導弟子觀象玩辭之原則。因此無德者是學不好《易經》的！

我的父親金文傑，《大易探微》的作者。早在二十世紀八十年代，《大易

探微》學術專著曾在臺灣出版，一九八八年在青島出版社出版第一版，後曾獲北方十五省市哲學社會科學優秀圖書獎。本書也曾受到陳立夫、周谷誠、劉大均等國內外知名人士的關注和高度評價，一九九九年精裝版在青島出版之後，曾多次再版。

家父一生研究一個主題《易經》，他經常對我說：『研究易學是我的歷史使命，我必須在有生之年完成！』字字句句斬釘截鐵，歷歷往事記憶猶新……

家父幾十年如一日，從《易經》的源頭《河圖》、《洛書》着手：『河、洛爲數理之本，而三三演繹乃通變極數之途，運數以洛書爲用……』正本清源，在太極時空隧道與孔子『對話』，無數不同的密碼、數字在他的腦洞裏不斷地翻轉、變化，左轉右旋，顛覆及變通，『卦、象、爻、象之辭，命意各有不同』，『卦炁、卦象而有立卦、設卦，先天、後天之別』。他用一個小球作爲道具，象徵太極球，反復把玩，『三分八掰開』那變化無窮的『數』相互印證，研究出『炁形圖』之宇宙密碼。家父常說：『祇有「數」，才能穿透任何空間，演數是我的使命』。

我崇拜父親，他是我精神上的偶像，靈魂上的導師！父親對小時候我的啓蒙、對少年時代我的耐心引導，是他心中早已對我有期待之願望，現在想起來有太多太多的回憶……

年少發奮勤學易，海上隱居探大烝。
高人點播方悟道，十翼熟讀演周易。
孤燈秋風鬼神泣，太極河洛衍數理。
正本清源溯千年，有爲有位立天地。

二〇〇一年八月家父仙逝。二〇〇二年根據父親的遺願，我到處奔走，在一年内，由青島出版社出版了《大易探微（通俗本）——大易源流概説與先天方圖的數理剖析》，完成了父親臨終前的叮囑。

父親的人生格言：『人生的宗旨是對人類事業的開拓進取，人生的品格是爲人作風正派，處事公道，人生的價值是在人們心目中有爲有位。』

電腦是人類進入信息時代的標志。前些年，我因照顧有病的母親以及家事繁忙幾乎不上網。二〇一八年六月送走了親愛的母親，當年曾聽説《大易探微》作者的頭像不是家父，由于失去母親的悲痛，讓我没有心思顧及此事。

二〇一九年一次偶然的機會，我上網查看資料才發現《大易探微》作者的頭像的確不是家父，開什麽國際玩笑，張冠李戴侵犯肖像權也太不負責任了！爲此我非常氣憤！我舉報了有關網站并提交了相關證據，在國學會熱心朋友的幫助下申請換上了家父的頭像，第二天却又被换了下來，網上魚目混珠之事太不可思議！

以上所説之事，仿佛一把熊熊烈火在我心中燃燒，更像一根導火綫促使我决心提前再版《大易探微》，爲弘揚國學瑰寶《易經》，滿足時代的需求，傳承《大易探微》盡一份自己微薄的力量！

中國傳統文化博大精深的大根大本，歸根還是六經之首的《易經》。新中國成立以來，我國哲學界對《易經》非常重視，《易經》流傳至今已成爲人類文化寶庫的瑰寶。

《大易探微》初集問世後，當即受到海内外學者的好評，已故著名學者周谷城來信説：『初次拜讀，即覺體大思精，令人敬服……且以詩體出之，誠不易得者。』

《易傳》稱《易經》爲『君子觀其象，而玩其辭』，即依卦爻象玩卦爻辭從中吸取教益。而《大易探微（通俗本）》——大易源流概説與先天方圖的數理剖析》，是打開精裝本的金鑰匙。

感謝幫助過父親的前輩和付出巨大勞動的我先生。家父以詩體解圖、解象、解數。早在二十世紀八十年代中期，那時候青島市面上還没有電腦，因爲家父患有眼疾，在修改整理手稿期間，原青島市副市長施稼聲曾協調有關部門借調我先生汪稼亮到家父身邊幫助工作。我先生協助家父抄了九遍《大易探微》（初稿），并按照家父的要求繪制了幾十個對應之圖。

感謝鼓勵我再版父親著作的朋友們。青島國學會會長張文教授曾説：『金豆子（網名），你父親是青島文化名人，對社會做了這麽大的貢獻，應該再版他的專著，并在青島百花園中立個塑像。』嶗山華嚴寺道光師父曾説：『金老師，《大易探微（通俗本）——大易源流概説與先天方圖的數理剖析》是打開《大易探微》精裝本的金鑰匙，你是否考慮再版？』

感謝弟弟妹妹對我的信任和支持，同時在『道友』以及朋友們的幫助下，我聯繫青島出版社整體推出《大易探微》正本和通俗本以告慰父親，讓《大易探微》『遺音絶響』傳承，不能在我們這一代消失！

父親是有知音的。多年來《大易探微》被許多海内外學者收藏、研究。西方學者很珍視，國内鐵杆粉絲不斷增加。有位杭州朋友收藏了青島出版社一九八八、一九九二、一九九九、二〇〇一四種版本的《大易探微》，用了十七個月近一年半的時間，恭敬地抄寫了《大易探微》厚厚的四大本筆記，他説：『用恭敬的心抄寫《大易探微》，從中領悟學問二字意在言外，金老并没有離我們而去，衹是用另一種形式存在……』這位朋友的故事，讓我和許多朋友十分的感動。

在此，致敬二十世紀曾經爲《大易探微》助力的前輩們！感謝爲再版《大易探微》幫助校對工作的王正德、張梁二位老師！感恩所有關注《大易探微》

并爲之付出努力的朋友們！

隨著二十世紀高科技系統論、信息論、數字論三大邊沿科學在人類社會的需求中不斷發展體現，大『易』文化在人們的生活中無處不在。中國走向了新時代！

從古至今，《易經》讓無數人陶醉其中，很多深愛《易經》的追隨者，從《易經》卦象的組合到《易經》與數字的關係，參悟人生。家父曾多次對我解釋：『「假我數年，五、十以學易」加一個頓號的緣由，是「五」與「十」，乃通理……希望你「作留聲機、傳話筒」』。

父親可放心矣！《大易探微》專著早已流傳美國、英國、馬來西亞等國家。中國文化易學經典不斷傳播潤澤到了全世界。《大易探微》對接古老文化，我認爲是青島的名片，同時也是中國的名片！

今年五月至八月我準備建金文傑紀念館，同時籌備二〇二一年三月的金文傑一百年誕辰紀念。傳承父親的意願正在當下，宣傳推廣《大易探微》『道、象、理、數』解碼『炁形圖』，發揚博大精深的易學正逢其時，我相信家父的願望『我

欲鳴琴頌流水，遺音絶響越千年』定會實現的！

斷續寫來，不覺東方既白，萬千感想似乎理出了一點頭緒，作爲跋二，爲讀者朋友作以説明。

就用父親曾説的一句話作爲此跋的結束吧：『讓中華文化大放异彩！』

金慧

二〇二〇年二月

金慧簡介：

金慧，現爲山東省散文家協會會員、青島國學會理事、青島周易學會會員、青島東夷文學社理事、青島當代文學研究會會員，作品散見于報紙、雜志、網絡等。近年來曾獲『雅集京華·詩會百家』全國首届百家詩會一等獎、『中國百家文化網·世紀百家國際文化發展中心』『四海杯』海内外詩聯書畫邀請賽散文銀獎、『大愛山東·文化青島』山東省第五届朗誦大賽（原創作品）第三名等。

图书在版编目（CIP）数据

大易探微. 2, 大易源流概説與先天方圖的數理剖析：
通俗本 / 金文傑著. — 青島：青島出版社, 2020.3

ISBN 978-7-5552-9021-6

I. ①大…　II. ①金…　III. ①《周易》– 研究　IV.①B221.5

中國版本圖書館CIP數據核字（2020）第019690號

書名　大易探微（通俗本）
——大易源流概説與先天方圖的數理剖析

著者　金文傑
統籌　金　慧
出版發行　青島出版社
社址　青島市海爾路 182 號（266061）
本社網址　http://www.qdpub.com
責任編輯　吴清波　梁　娜
特約編輯　吴清洲　李智超
裝幀設計　胡文娟
照排　青島新華出版照排有限公司
印刷　青島國彩印刷股份有限公司
出版日期　二〇二〇年三月第一版
印刷日期　二〇二〇年三月第一次印刷
開本　三十二開（889mm×1194mm）
印張　六
字數　一五五千
印數　一—三千
定價　一六九元（全二册）

ISBN 978-7-5552-9021-6

編校印裝質量、盗版監督服務電話　4006532017　0532-68068638